Anna Cavelius

Kraftquelle Weiblichkeit

Anna Cavelius

Kraftquelle Weiblichkeit

Das Leben neu gestalten mit spirituellen Übungen und Ritualen

KOHA

Die im Buch veröffentlichten Rituale und Vorschläge wurden von der Autorin sowie vom Verlag und seinen Mitarbeitern sorgfältig erarbeitet und geprüft. Eine Garantie kann dennoch nicht übernommen werden. Ebenso ist die Haftung der Verfasserin bzw. des Verlages und seiner Beauftragten für Personen-, Sach- und Vermögensschäden ausgeschlossen.

1. Auflage 2011

Redaktionelle Mitarbeit: Gerhard Merz
Gesamtherstellung: Karin Schnellbach
Lektorat und Layout: Birgit-Inga Weber
Druck: CPI Moravia Books
ISBN 978-3-86728-151-5

Inhalt

Ein Wort zuvor

Jede Frau kommt mit vielen einzigartigen weiblichen Eigenschaften auf die Welt und dem tief in ihr wohnenden Wunsch, ihr Potenzial an Weiblichkeit und Frausein im Lauf ihres Lebens in allen Facetten voll entfalten und ihre Visionen und Träume leben zu können. Dazu ist es wichtig, die eigene Spiritualität zu erwecken und eine Atmosphäre zu schaffen, in der es leichtfällt, sie zu hegen und zu kultivieren. So entsteht Raum für Intuition und Fantasie, die Fähigkeit zu Hingabe und Mitgefühl, zu Liebe und Verletzlichkeit, zum Erleben von Schönheit und körperlicher Sinnlichkeit, von Lebensfreude und Genuss. Der Keim jeder Spiritualität wiederum ist die innere Freiheit; erst sie schenkt Erfüllung und Sinn.

Wie eine Pflanze benötigt Spiritualität Nahrung und Unterstützung. Beides fließt uns zu, indem wir uns wieder mit unserer ursprünglichen Kraftquelle verbinden: Sie eröffnet Wachstums- und Entwicklungswege in jeder weiblichen Lebensphase, versöhnt mit Vergangenem, schenkt Trost und Heilung und spendet Kraft. Die Verbindung mit Ihrer weiblichen Kraftquelle ermöglicht es Ihnen, alle Facetten Ihrer Persönlichkeit zu leben, bisher verborgene Potenziale zu entfalten und sich von einengenden Mustern zu befreien. Je nachdem, in welcher Lebenssituation Sie sich befinden, ob auf dem Weg ins Erwachsenen- und Berufsleben, in der Phase der Mutterschaft, in Ihrer zweiten wichtigen Reifezeit – den Wechseljahren – oder im reiferen Alter: Das Erleben Ihrer ureigenen Spiritualität und der Verbindung mit Ihrer weiblichen Kraftquelle wird Sie stärken und schützen.

Auf den nächsten Seiten lernen Sie Übungen und Rituale kennen, mit denen Frauen seit Urzeiten verankert sind. Diese allgemeinen Formen weiblicher Spiritualität haben sich im Lauf der Zeit entwickelt. Sie entstanden aus Naturbeobachtungen und sind eng mit den schöpferischen Kräften der Erde verbunden. Nicht zuletzt dank großer Heilerinnen und weiser Frauen hat sich das alte Wissen über die Zusammenhänge des Lebens, die feinstoffliche Welt, Kenntnisse über Heilkräuter, Heilsteine, Symbole und Farben erhalten.

Wählen Sie aus diesem Wissensschatz aus, was Ihnen im Moment guttun könnte und was sich am ehesten in Ihrem Alltag unterbringen lässt. Indem Sie sich vertrauensvoll in die natürlichen Zyklen und Kraftfelder begeben, beginnen Sie eine Reise der Erneuerung. Diese fördert die Selbstwahrnehmung und lehrt Sie, auf Ihre Bedürfnisse zu achten und Vertrauen in sich selbst zu haben. Indem Sie sich mit den Quellen Ihres Selbst verbinden, entdecken Sie Ihre weibliche Identität; Sie lernen, sich selbst zu lieben, Sie entfalten und erweitern Ihre weiblichen Kräfte, leben jede Facette Ihrer komplexen Persönlichkeit und bereichern die Welt mit Mitgefühl und Lebensfreude. Schließlich gibt es nur einen Menschen auf der Welt, der bestimmen kann, wie Sie als Frau sind: Sie selbst.

Der Kult der Muttergöttin

Seit jeher hat der Mensch versucht, sich dem Geheimnis göttlicher Prinzipien zu nähern, sie zu verstehen, zu benennen und zu integrieren, um heil und gesund an Leib und Seele zu bleiben und den Fortbestand der lebensspendenden Natur zu sichern. Im magischen Denken der vorgeschichtlichen Gesellschaften wurden alle Erscheinungen der Natur mit Gottheiten oder dem Göttlichen identifiziert. Die ersten Schöpfungsmythen bezogen sich dabei keineswegs auf Vatergottheiten, wie wir sie heute kennen. Stattdessen verehrte man Muttergottheiten als Lebensspenderinnen, Nährerinnen, als Erhaltende und Heilende, aber auch als die Bringerinnen von Tod und Vernichtung – als Quelle eines Zyklus, in dem Tod und Leben ewig einander ablösen.

So ist das früheste uns überlieferte Bild, das ein Künstler von einem Menschen geschaffen hat, die Statuette einer Frau, die man in der Höhle von Loussel in der Dordogne, einem Heiligtum aus der frühen Steinzeit, fand. Sie ist 20.000 Jahre alt. Die Muttergöttin galt dabei immer als dreifaltig; symbolisiert als Einheit wurde sie vom dreifaltigen Mond. Aus der Phase des entwickelten Matriarchats sind heute mindestens vier städtische Hochkulturen bekannt: am Indus, bei den Sumerern, in Altägypten und die Minoische Kultur auf Kreta. Doch fast alle Völker kennen den Mythos einer Muttergottheit: Anahita (Persien), Aphrodite (Zypern), Ariadne (Kreta), Artemis (Ephesos), Freyja (Germanien), Isis (Ägypten), Kali (Indien) und Maria (Palästina).

Links: Isis stillt den Säugling Horus – die ägyptische Version des Motivs der Mutter mit dem Kind. Rechts: Darstellung der Madonna aus Indien, ca. 16. Jh.; Yadoda stillt das Kind Krishna.

Altes weibliches Wissen

Die Vorstellung einer die gesamte Natur durchwirkenden göttlichen Kraft ist älter und ursprünglicher als die Bilder einer Göttin oder eines Gottes in Menschengestalt. Noch unsere keltischen und germanischen Ahninnen kannten und verehrten Göttinnen und Götter, die sich jederzeit in ein Tier, eine Pflanze, in einen Stein, in den Wind oder in eine Wolke verwandeln und in die-

ser Gestalt den Menschen als göttliche Kraft begegnen konnten. Allerdings waren es wohl die Frauen, die – mit dem eigenen Zyklus und dem jahreszeitlichen Wachstum der Pflanzen vertraut – als Erste die periodischen Abläufe in der Natur erkannten. So wurden auch Bäume, Teiche oder bestimmte Tiere als Symbole des Mütterlichen verehrt. Ein symbiotisches Verhältnis zur Natur hat diese alten Kulturen geprägt – und eine tiefe Ehrfurcht vor dem Leben.
Im türkischen Catal Hüyük fand James Mellaart Anfang der 1960er-Jahre eine Tempelstadt, in der Fresken von der Verehrung der »Großen Mutter« künden. Sie bilden das Mysterium von Geburt und Tod ab und zeigen, wie die Göttin Stiere zur Welt bringt. Der Stier ist das heilige Tier der Göttin. Seine Hörner erinnern an die Mondsichel. Zwischen den Hörnern trägt er den Vollmond und die Schlange, das Symbol für die Wandlungsphasen einer Frau.

Die Lebensalter der Göttin Mond

Die weiße Mondsichel als Zeichen des jungen, zunehmenden Mondes ist das Symbol der Göttin in ihrer Mädchengestalt sowie des Frühlings. Der Vollmond ist das Symbol der Göttin in ihrer Gestalt als erwachsene Frau, der Göttin der Liebe und Fruchtbarkeit, die am Höhepunkt des Jahres im Sommer herrscht. Sie ist zugleich die Schöpferin der Welt, denn der Vollmond steht auch für das Weltenei, aus dem die Schöpfung fiel, als es zerbrach. Der Neumond ist das Symbol der Greisin-Göttin. In der Unterwelt herrscht sie als winterliche Todesgöttin, die alles Leben mit in die Tiefe nimmt, um im neuen Jahr wieder zum Licht aufzusteigen.

• • •

Als Urmutter aller Göttinnen und Gottheiten wurde im alten Griechenland die Göttin Rhea (d.h.: Fluss des Lebens) verehrt, die aus der Liebe zwischen Uranus und Gaia entsprang. Zu Rheas Ehren feierten die Griechen ein prächtiges Frühlingsfest, mit dem der Mutterkult geboren war. Auch in den Anfängen des alten Ägyptens herrschten das Mutterrecht und die Königinnenmutter Isis. Ihre schöpferische Liebe galt sogar als stark genug, um die Macht des Todes zu brechen.

Erst durch Echnaton kam es im 2. Jahrtausend v. Chr. zu einer frühen Phase des Monotheismus, der sich im alten Ägypten allerdings nicht dauerhaft durchsetzte, und – wie in anderen Kulturen später auch – zu einer Hinwendung zu eher männlich dominierten Götterhimmeln.

Männliche Götter gab es im mutterrechtlichen Kosmos lange Zeit nicht. Der »menschliche« Partner der Göttin war immer der

Die Göttin Isis; auf dem Kopf trägt sie die Sonnenscheibe und zwei Hörner einer Kuh.

sogenannte Sonnenheros. In den bronzezeitlichen und mesopotamischen Kulturen von Sumer, Assur und Babylon feierte die Frauengöttin mit ihm das wichtigste Fest, die »Heilige Hochzeit« (griech.: ieros gamos). Sie sollte Land und Meer fruchtbar machen. Dabei vollzog die höchste Priesterin der Zikkurat die rituelle Vereinigung mit dem Stadtfürsten auf dem Altar: Sie verkörperte die höchste Göttin Inanna – und der Fürst wiederum Dumuzi, Inannas Sonnengeliebten. Zu Beginn des Winters opferte ihn dann die Greisin-Göttin und führte ihn in die Unterwelt, aus der er am Anfang des nächsten Jahres geläutert auferstand.

Der Urknall auf Indianisch

Auch in den Mythen der Indianer gibt es eine weiblich dominierte Schöpfungsgeschichte: Im leeren Raum des Alls gab es nur die Urgroßmutter Wakan. Dann kam ihr Gefährte Skkuan dazu. Ihn sieht man heute noch als Milchstraße am Nachthimmel. Ihrer kosmischen Liebesenergie entsprang ein Kind mit Namen Wakan Tanka (»Großer Geist«). Erst danach wurden in einer Art Big Bang die Sonne und die Erde geboren. Die beiden liebten sich und gebaren die Pflanzen, die Tiere und die Menschen.

• • •

Der Dreifrauen-Kult

Auch in den drei Bethen, den ehemaligen Nationalheiligen des heutigen Südtirols, Österreichs und Bayerns, ist die dreigestaltige, zyklische Göttin unseres mitteleuropäischen Kulturraums erkennbar. Das Verb »beten« leitet sich von ihnen ab. »Zu den Bethen gehen« bedeutete ursprünglich, sich mit einem Wunsch, einer Frage oder eine Sorge an die weisen Frauen zu wenden. Spuren von ihnen finden sich im gesamten mitteleuropäischen Raum sowie auf den Britischen Inseln. Entscheidende Erkenntnisse darüber gewannen Brauchtumsforscher aus den großen Jahreskreisfesten, den Sonnwenden oder dem zyklischen Sammeln von Kräutern. Protokolle von Hexenprozessen wiederum belegen, dass die Anhängerinnen der drei Jungfrauen mit heidnischen Ritualen und Zauberpraktiken in Verbindung gebracht und für Priesterinnen der Göttin gehalten wurden.
Die drei Bethen heißen Ambeth, Wilbeth und Borbeth und später Einbeth, Wilbeth und Warbeth; Spes, Fides und Caritas (lat. Hoffnung, Glaube/Treue und Fürsorge/Liebe) oder Barbara, Margarete und Katharina. Sie bilden die göttliche Triade als Erd-, Mond- und Sonnenfrau und galten als Helferinnen und Verbündete der Schwangeren und der Mütter sowie als Leitbilder und Lehrmeisterinnen für alle Frauen. Der Dreifrauenkult hat bis in die christliche Zeit hinein bestimmte keltische Rituale bewahrt. Dazu gehören die enge Verbundenheit mit Bäumen und Quellen, mit den Kräften der Erde sowie des Himmels und seiner Gestirne, insbesondere aber das Wissen um die zyklische Erneuerungskraft allen Lebens.

Der Glaube und der Kult um die drei gütigen Frauen, die durch die Lande gingen, weisen Rat erteilten und Wohlstand, Gesundheit und Lebenslust schenkten, hielt sich im Volk sehr lange. Die drei Frauen schützten das Land und segneten an Weihnachten/Neujahr mit ihrem magischen Zeichen K+M+B Haus und Hof (**K**atharina, die Helle, Weise/Weiße; **M**argarete, die zentrale Geburtshelferin; **B**arbara, die dunkle Beschützerin). Viele Jahrhunderte vor K(oder C)+M+B bestand die Schutzformel über den Türstürzen aus drei Kreuzen in der Form XXX. Ihre Spuren verlieren sich in Westeuropa in der keltischen Zeit des Matronenkultes.

Die drei Bethen; Nikolauskapelle des Doms zu Worms

Bei den Kelten bildeten der Kreislauf der Natur und der Zyklus des ewigen Lebens eine untrennbare Einheit. Die göttliche weibliche Dreifaltigkeit stellt sich dabei folgendermaßen dar: Auf der Morgenseite war der Platz der Wilbeth, der Weißen. Sie verkörperte das Licht, die Weisheit und das Schicksal, das sie in den Lebensfaden spann und daher auch voraussagen konnte. Als Göttin der Spinnerinnen und des Spinnrads war sie zugleich die Beschützerin der Straßen und der Reisenden. Im Mittelpunkt steht Ambeth, die Rote. Sie symbolisierte die Fruchtbarkeit. Ihre Herrschaftszeichen waren die (spiralenartig dargestellte)

Schlange des ewigen Lebens und der Kessel der Fülle und der Wiedergeburt, der zuweilen als Schüssel oder Kelch dargestellt wurde. Auf der Abendseite fand sich die Beschützerin und Heilerin Borbeth, die Schwarze. Sie stand für die Ruhe, das Heilen und die Geborgenheit von Mutter Erde, in welcher der Tod nur eine Phase darstellte. So winkte nach einem erholsamen Aufenthalt in der Anderswelt die Wiedergeburt – ein neuer Kreislauf begann.

Der Bethen-Kult wurde später in das christliche Ritual integriert, und die Göttinnen-Trinität lebte im Bewusstsein der Menschen weiter als die »drei Heiligen Madl'n«. Nun segneten die Heiligen Drei Könige (**C**aspar, **M**elchior und **B**althasar) oder Christus (»**C**hristus **m**ansionem **b**enedicat«) das Haus.

Selbst im Heiligengewand glichen die drei Bethen immer mehr den amazonischen Sagengestalten der Wildfräulein, der Saligen und der Vivanes. Und ganz gleich, unter welchen Namen sie verehrt wurden, ob ursprünglich als Aubet, Cubet und Guere: Stets blieben sie autonome und selbstbewusste Frauen. Bis heute wecken die drei Jungfrauen mit ihrer Weisheit das Wandlungspotenzial in uns.

Der Jungfernstein zu Worms

Zu keltischer Zeit hieß Worms Borbetomagnus, was vermutlich auf eine sehr alte Sonnengöttin zurückgeht: Borbet. Ihr Name bedeutet so viel wie »Glänzende«. Sie tritt immer zusammen mit Embet und Wilbet auf. In Worms sind die drei Jungfrauen auf einem Steinrelief aus dem Jahr 1430 dargestellt, in das auch ihre Namen eingraviert sind: Embede, Willebede und Warbede. Dieser Jungfernstein zeigt die drei aufrecht nebeneinander und wie königliche Frauen in lange Gewänder gekleidet, mit Kronen auf dem wallenden Haar, einen Palmwedel in der einen, ein großes gebundenes Buch in der anderen Hand. Der Palmwedel erinnert an ihre Macht, aus dem Tod heraus zu neuem Leben zu führen.

• • •

Die Entthronung der großen Göttin

Im Schöpfungsmythos der Sumerer und Akkader treffen wir zum ersten Mal auf einen Kampf zwischen Mann und Frau: Gilgamesch, der Königssohn, löst die Mutter, die Göttin Ninsun, ab. Das Patriarchat bahnt sich langsam seinen Weg, die Sonnenheroen lösen die Mondgöttin ab. Entthront wurden die Muttergöttinnen letztlich durch gesellschaftliche Prozesse. Mit dem Sesshaftwerden der Nomadenstämme übernahmen die Männer in den Stadtstaaten die Macht und begannen Kriege um Siedlungen und Besitzungen zu führen. An die Stelle der vormals weiblichen spirituellen Herrscherinnen traten nun junge Götter, geschaffen nach dem Bild des Mannes. Die Schöpferin des Alls, die Gebärerin allen Lebens, fand sich nun als Mutter, Gattin oder Geliebte dieser neuen Herren wieder. So löste sich im antiken Griechenland die göttlich-weibliche Triade wieder in drei Einzelgöttinnen auf. Trotzdem blieb ihre Dreifaltigkeit erkennbar: Hera, Aphrodite und Athene.

Athene

Eine spätere Variante der ursprünglich der Fruchtbarkeit verpflichteten Göttin sind dann auch die jungfräulichen Priesterinnen. So waren die römischen Vestalinnen mit der Gottheit verheiratet. Dieses Jungfrauenideal nahm die Marienverehrung in den späteren vaterrechtlichen Religionen vorweg: Hier wird alles Sexuelle bis heute sublimiert und tabuisiert – eine höchst neurotisierende und unsere Kultur prägende Konstante. Fast die gesamte Geschichte des Christentums ist bis heute eindeutig männlich dominiert.

Dabei gibt es sogar in der biblischen Tradition, vor allem in den zentralen Traditionen der hebräischen Bibel, sehr starke weibliche Anteile: So schwebt und brütet der »Ruach«, der als weiblich-mütterlich verstandene Geist Gottes, am Anfang der Schöpfung über den Wassern.

Im kollektiven Unterbewusstsein der Menschheit jedenfalls hat sich die »Große Mutter« nicht nur nach Meinung feministischer Forscherinnen bis heute erhalten.

Den eigenen Weg finden

Während die großen Religionen des Christentums, Judentums und des Islam patriarchalisch sind und einen bewahrenden und organisierenden Charakter haben, ist Spiritualität offen. Hier geht es nicht um Schriftwahrheiten und die Organisation des Alltags oder einer Gesellschaft, sondern vielmehr um Entwicklungsprozesse, die uns Verbundenheit schenken und alte Wunden heilen. Eine authentische Spiritualität bezieht sich deshalb immer auf den einzelnen Menschen und auf seine persönlichen Erfahrungen. Daher erlebt sie jede Frau anderes. Für die einen ist Spiritualität das wahre Gesicht eines Menschen, der die Welt offen und frei betrachtet. Für die anderen bedeutet sie die grundlegende Verbindung zu einem größeren Sein oder zur Essenz allen Lebens. Das Vertrauen in die eigenen Gefühle spielt deshalb beim Erleben von Spiritualität eine wesentlich größere Rolle als der Verstand. Lassen Sie also Ihre Emotionen zu Führerinnen Ihrer spirituellen Reise werden.

Grundsätzlich sind alle Rituale und Übungen in diesem Buch vielfach erprobt und schenken Erdung und Sicherheit. Doch überall, wo starke Gefühle beteiligt sind, verbergen sich auch Fallstricke – je nach dem Charakter und der Sensibilität einer Frau. Falls Sie auf Ihrer Reise verwirrende Erfahrungen machen, die Sie womöglich ängstigen, oder wenn Sie das Gefühl haben, sich zu verlieren, suchen Sie sich bitte Unterstützung. Oft kann ein therapeutisches Gespräch dabei helfen, bestimmte spirituelle Erlebnisse positiv zu verarbeiten und zu verstehen.

Ihr geschützter Raum

Am Beginn Ihrer Reise zur spirituellen Erneuerung möchte ich Ihnen zudem einige grundlegende Übungen an die Hand geben, auf die Sie jederzeit vertrauensvoll zurückgreifen können. Achten Sie auf sich; praktizieren Sie regelmäßig und sorgen Sie für einen geschützten Raum oder Platz, an den Sie bei Bedarf immer wieder zurückkehren können: Es kann eine ruhige Ecke oder ein eigenes Zimmer sein, das Sie mit einem schönen Sitzkissen, einem Altar, einer Vase mit frischen Zweigen, dekorativen Stoffen und anderen für Sie angenehmen Dingen für Ihre spirituellen Übungen einrichten. So erzeugen Sie eine Atmosphäre, in der die spirituelle Energie leichter fließt. Schönheit und Ordnung schaffen eine Atmosphäre der Ruhe, lassen das Plappern der Gedanken verstummen und lösen ein Gefühl von Zufriedenheit aus. Wenn Sie zu den Frauen gehören, die ein wenig kreatives Durcheinander brauchen, so können Sie dem Impuls natürlich nachgeben. Wichtig ist, dass Sie sich in »Ihrem« Raum, so klein er auch ist, absolut wohlfühlen. Einige Übungen und Rituale sind vorzugsweise in der freien Natur auszuüben. Doch solche Plätze stehen uns nicht jederzeit zur Verfügung. Deshalb geht es erst einmal um einen Schutzraum für Sie selbst, den weder Ihr Partner noch Ihre Kinder ohne Ihre Erlaubnis betreten.

Segnen Sie Ihren Kraftplatz

Erinnern Sie sich an einen Segen aus Ihrer Kindheit, der Sie beschützt hat? Das kann ein Gutenachtlied gewesen sein, ein Gebet oder eine Familienweisheit. Sie können auch Sätze sammeln und notieren, die Ihnen besonders gefallen, oder ein Zitat aus einem Buch verwenden, das Ihnen zu Herzen geht. Selbst wenn es Ihnen anfangs komisch vorkommen mag: Segnen Sie mit diesen Worten Ihren Raum und danken Sie ihm für den Schutz, den er Ihnen bietet.

• • •

Um Sicherheit und Beständigkeit zu erfahren, ist es wichtig, zu lernen, sich zu verankern. Das bedeutet nichts anderes, als ganz im Hier und Jetzt zu sein, in jedem Moment präsent, wach und natürlich auch bereit, für sich (und andere) Verantwortung zu übernehmen. Bestimmte Meditationen bieten hilfreiche spirituelle Methoden zur Erdung. Üben Sie, sooft Sie möchten. Zu Beginn sind zehn Minuten täglich ideal; später können Sie die Meditationszeit ausdehnen. Alles, was Sie dazu brauchen, ist:

- ein geschützter, ruhiger Raum oder
  ein ruhiger Platz im Garten oder im Park
- 10 Minuten Zeit
- eine Sitzunterlage
- eventuell ein Wecker

Schutzmeditation für jeden Tag

Die folgende Meditation bringt Sie in Kontakt mit Ihren Wurzeln. Die Erde, auf der Sie jeden Tag Ihres Lebens stehen und gehen, trägt Sie nicht nur. Sie ist zugleich die Quelle von allem und unsere Mutter.
Sie können die Schutzmeditation jeden Tag durchführen, wenn Ihnen danach ist oder wenn Sie das Gefühl haben, sich verwirrt oder schwach zu fühlen oder eine »dickere Haut« zu benötigen.

Nehmen Sie nun bewusst Kontakt auf und lassen Sie sich vertrauensvoll darauf ein.

Setzen Sie sich bequem und dennoch aufrecht auf ein Kissen oder auf einen Meditationshocker. Gerne können Sie auch im Stehen meditieren.

Falten Sie Ihre Hände vor Ihrem Brustraum oder legen Sie sie entspannt in Ihren Schoß bzw. auf Ihre Oberschenkel.

Schließen Sie Ihre Augen. Strecken Sie Ihren Scheitel zum Himmel und öffnen Sie sich nach oben. Ihr Kopf ist gerade, der Blick nach vorne gerichtet. Ihre Schultern sind entspannt.

Atmen Sie in Ihrem Rhythmus und beobachten Sie Ihren Ein- und Ausatem, wie er Ihren Bauch dehnt und wieder flacher werden lässt. Lassen Sie Ihren Atem wie von selbst kommen und gehen.

Während Sie in Ihrem Rhythmus weiteratmen, spüren Sie tief in Ihr Becken hinein und wie Sie auf der Erde sitzen. Lassen Sie sich innerlich immer weiter sinken und schwerer werden. Entspannen Sie sich dabei völlig und genießen Sie das Gefühl, gehalten und getragen zu sein.

Bei jedem Ausatmen lassen Sie alle Gedanken und Gefühle, die jetzt auf Sie einstürmen mögen, wie Wolken am Himmel davonziehen. Sie sind hier bei sich, in sich zu Hause. Dieses Gefühl des Vertrauens in Ihrem Becken wächst und strömt von hier aus in Ihren ganzen Körper, bis in Ihre Zehen- und Fingerspitzen, bis in jede Körperzelle. Öffnen Sie dabei Ihr Herz in Dankbarkeit und lassen Sie in Ihrem Inneren ein Lächeln entstehen.

Nach einigen Minuten der Stille kommen Sie ins Hier und Jetzt zurück: Öffnen Sie die Augen, strecken Sie sich und lösen Sie sich aus Ihrer Besinnung. Spüren Sie dem Gefühl des Getragenseins nach.

Der Beginn Ihrer spirituellen Reise

Einen sicheren Halt auf dem spirituellen Weg bieten Strukturen. Alle Rituale und Übungen, die Sie auf den folgenden Seiten finden, sind in gewissem Maß strukturiert; das erleichtert ihre Umsetzbarkeit. Überlegen Sie, wie wichtig Strukturen und Abmachungen für Sie sind oder ob Sie sich durch Grundregeln eher eingeengt und kontrolliert fühlen. Seien Sie sich sicher, dass Sie jedes spirituelle System oder eine Struktur infrage stellen können, wenn Sie kein gutes Gefühl dabei haben. Einige Regeln sind allerdings allgemein verbindlich: So tun wir nichts, was anderen schaden könnte. Eine andere Grundregel besteht in der Erklärung Ihres persönlichen Wunsches oder Ihrer Absicht, sich Ihrer spirituellen Reise zu widmen.

Jede Art von Heilung und Wachstum beginnt mit einer solchen Absicht. Indem Sie sie aussprechen, anderen davon erzählen oder noch besser aufschreiben – vielleicht in Ihr spirituelles Tagebuch –, können Sie Ihrem Herzen und Ihrem Verstand den entscheidenden Anstoß geben, sich auf das gewünschte Ziel auszurichten. So machen Sie sich bereit und wenden sich an die Energien des Universums und Ihrer spirituellen Vision. Aus einer deutlich formulierten Absicht kann dann eine echte Reise werden, auf der Sie lernen, Ihre spirituelle Pflanze zu erneuern, zu hegen und zu pflegen. Auf diese Weise steht Ihnen eine Art Magie und Kraft zur Seite, die Ihnen hilft, Ihren Weg zu gehen. Dabei können sich ungeahnte Möglichkeiten eröffnen; Unterstützung trifft von einer Seite ein, die Sie nie für möglich gehalten hätten. Je klarer Sie Ihre Absicht erklären, desto erfolgreicher wird Ihre spirituelle Reise.

Fragen Sie sich zunächst:

- Warum suche ich nach spiritueller Kraft oder Heilung?
- Was möchte ich damit verändern oder in Gang setzen?
- Was möchte ich an mir verändern?
- Passt meine Absicht zu mir? Ist sie mit meiner Person im Einklang?
- Stehe ich mit Herz und Verstand hinter meiner Absicht?

Notieren Sie sich Ihre Antworten in Form von Aussagesätzen, zum Beispiel: »Ich bin wieder in meiner Kraft und fühle mich stark und gesund«, oder: »Ich möchte selbstbewusster und entschlossener sein«, oder: »Ich möchte weicher und hingabefähiger sein.«

Meditation zur Öffnung der inneren Bereitschaft

Ziehen Sie sich in Ihren Raum zurück. Setzen Sie sich bequem und aufrecht hin. Sie können sich auf ein Kissen setzen, einen Meditationshocker oder auf einen Stuhl.

Falten Sie Ihre Hände vor Ihrem Brustraum oder legen Sie sie entspannt in Ihren Schoß bzw. auf Ihre Oberschenkel.

Schließen Sie Ihre Augen. Strecken Sie Ihren Scheitel zum Himmel und öffnen Sie sich nach oben hin. Ihr Kopf ist gerade, der Blick nach vorne gerichtet, die Schultern sind entspannt.

Atmen Sie in Ihrem Rhythmus und beobachten Sie Ihren Ein- und Ausatem, wie er Ihren Bauch dehnt und wieder flacher werden lässt. Lassen Sie Ihren Atem wie von selbst kommen und gehen.

Während Sie in Ihrem Rhythmus weiteratmen, spüren Sie hinein in das Gefühl, bereit zu sein für eine Veränderung und den Willen zu haben, sich ihr hinzugeben. Lassen Sie das positive Gefühl größer werden und entwickeln Sie dazu das Bild eines goldenen, warmen Sonnenballs hinter Ihrem Nabel. Lassen Sie das warme Gefühl immer größer werden: Es durchströmt Ihren Körper, es fließt durch Ihr Herz, hinauf in Ihren Kopf und dringt in jede Ihrer Körperzellen und Gliedmaßen. Freuen Sie sich über das angenehm warme Gefühl und bestätigen Sie sich die Bereitschaft zur spirituellen Erneuerung.

Wenn Sie das Gefühl haben, Sie haben Ihre Botschaft verinnerlicht, öffnen Sie die Augen. Strecken Sie sich und lösen Sie sich langsam aus der Meditation.

Wenn Sie möchten, notieren Sie Ihre Bilder und Gedanken in Ihr Tagebuch.

Ein spirituelles »Reise«-Tagebuch

Halten Sie Ihre spirituellen Erfahrungen in einem Tagebuch fest. Notieren Sie dazu, welche Übung Sie an welchem Tag durchgeführt haben und wie es Ihnen damit ging. Sie können das Buch mit Zeichnungen, Bildern oder Fotos, die Sie besonders ansprechen, illustrieren und mit getrockneten Blüten, Kräutern und Blättern dekorieren. Dieses Tagebuch kann Ihnen zum wichtigen Begleiter auf Ihrer spirituellen Heilreise werden.

• • •

Veränderungen leben

Sich auf den spirituellen Weg zu begeben ist nicht unbedingt ein einfaches Unterfangen: Es birgt viele neue Erfahrungen und Veränderungen, die Sie als Verlust oder als schwierige Wendung empfinden könnten. Versuchen Sie jede dieser Entwicklungen als Chancen anzunehmen. Mit jedem Schritt in ein unbekanntes Terrain eröffnen sich ungeahnte Möglichkeiten. Das kann etwas Furchterregendes, aber auch etwas Wunderbares und äußerst Fruchtbares sein. Bedenken Sie, dass das ganze Leben aus Werden und Vergehen und ständigen Wandlungen besteht. Hier ist die Natur unser Vorbild. So erleben wir in jeder Jah-

reszeit unglaubliche Wandlungen: Aus kahlen Ästen entfalten sich im Frühling wieder Blüten, im Sommer reifen auf Beeten, Wiesen und Äckern die Früchte, der Herbst bereitet die Natur schließlich wieder auf die Ruhephase des Winters vor. Hüterin der Natur war immer die Göttin. Sie war verantwortlich für Empfängnis und Fruchtbarkeit, für Nahrung, Heilung und Schutz. In allen großen Kulturkreisen gab es Göttinnen, die die vielfältigen Gesichter der Natur spiegelten. Auch heute können wir uns auf die Kraft und den Schutz von Mutter Erde besinnen und uns an die Natur wenden wie an eine stets gegenwärtige, gute, spirituelle Freundin. Lassen Sie sich von der Göttin berühren und entdecken Sie durch sie immer wieder neue Facetten Ihrer Persönlichkeit.
Wenden wir uns nun einem der wichtigsten Symbole für die Wandelbarkeit des Lebens zu: der Kraft der Mondes und der großen Mondgöttin.

Ritual zur Menstruationsvorbereitung

Es gibt Tage, Stunden, Momente, in denen Sie sich im eigenen Körper wunderbar heimisch und geborgen fühlen. Zu anderen, ganz besonderen Zeiten wird uns jedoch unweigerlich bewusst, dass wir Frauen sind und – aus biologischer Sicht – geboren wurden, um Leben zu geben. Die durchschnittliche Länge des weiblichen Zyklus entspricht beinahe genau der Zeitperiode zwischen zwei Vollmonden.
Als Vorbereitung für die Menstruationszeit können Sie einmal das folgende kleine Ritual durchführen. Sobald Ihre Blutung einsetzt, begeben Sie sich an Ihren Meditationsplatz und kom-

men hier sitzend zur Ruhe. Sprechen Sie dann die folgenden Zeilen:

»Von jetzt an und für alle Zeit
werde ich mich freuen, eine Frau zu sein.
Ich werde mich freuen an meinem Körper
und ihm eine besondere Bedeutung verleihen.
Ich werde meine Sexualität genießen
und Vergnügen finden an all ihren Formen.
Ich werde wissen, dass es von besonderem Wert ist,
eine Frau zu sein.
Ich werde von jetzt an und für alle Zeit wissen,
dass Frausein ein ganz besonderer Zustand ist.«

Wiederholen Sie die Worte mehrmals laut oder leise. Schon nach kurzer Zeit wird Sie ein mächtiges Gefühl überkommen; Sie werden sich vom Alltagsdasein lösen und in sich eine Kraft aufsteigen fühlen, die Sie mit der großen Göttin verbindet. Sie werden über allem Irdischen schweben und sich vorkommen wie ein Teil des Himmels.
Denken Sie daran, dass das Menstruationsblut in vielen alten Kulturen als heilig, besonders kraftvoll und wundersam galt und die damit gesegneten Frauen sehr eng mit der Muttergöttin verband.

Das persönliche Ritual finden

Für die meisten Rituale werden Worte, bestimmte Handlungen, Musik, spirituelle Gegenstände, Bilder und Aufzeichnungen verwendet. Auf den nächsten Seiten finden Sie eine ganze Reihe von Vorschlägen für die verschiedensten Rituale. Bevor Sie sich für eines entscheiden, spüren Sie hinein, ob es Ihnen insgesamt zusagt und Sie sich mit ihm verbunden fühlen. Mit der Zeit und etwas Übung können Sie selbstverständlich individuelle Rituale entwickeln.

Bedenken Sie, dass Meditationen und Seelenreisen, Verinnerlichung und Berührung Ihrer selbst sowie andere geistige, seelische oder entspannenden Übungen an keine Weisungen gebunden sind. Sie können die meisten Meditationen auf den nächsten Seiten allein oder mit Freundinnen durchführen. Betrachten Sie die Vorgaben für bestimmte Ritualhandlungen wie Räuchern, Singen, Tanzen nur als frei zu handhabende Anregungen und integrieren Sie sie auf Wunsch in Ihr persönliches Ritual.

Meditation stellt immer eine Verbindung mit dem eigenen Selbst dar. Auf unbewusster Ebene können Sie sich dabei aber auch mit anderen Frauen und mit der Natur verbinden. Jede Art von Spiritualität gründet auf innerer Freiheit und Entfaltung. Freuen Sie sich auf Ihre spirituellen Erlebnisse und die Kräfte, die Ihnen daraus erwachsen.

Die große Mondgöttin

Seit Jahrmillionen umkreist der Mond – rund 384.000 Kilometer von der Erde entfernt – unseren Heimatplaneten. Wir sehen, wie er innerhalb von etwa 29,5 Tagen bis zum Vollmond zu- und dann wieder abnimmt, wie er größer und kleiner wird und schließlich für etwa drei Tage ganz vom Firmament verschwindet. Er stirbt scheinbar, erwacht dann aber wieder zu neuem Leben. Er symbolisiert das ewig Wandelbare, Tod und Wiedergeburt.

Sein geheimnisvolles Licht, auch wenn es nur von der Sonne »geborgt« ist, sein gespenstischer Schein, der Berge, Bäume und Menschen unheimliche Schatten werfen lässt, ist schon immer mit dem Gefühl des Besonderen, des Mysteriösen, des Geheimnisvollen und Verborgenen verbunden worden. Auch in der Weltliteratur schwärmten und raunten Dichter und Schriftsteller aller Zeiten und Kulturkreise von seinem Geheimnis.

Nicht von ungefähr kommt der tief verwurzelte Glaube an die Macht und Magie des Mondes, die er auf Menschen, Tiere und Pflanzen ausübt. In vielen Religionen der alten Völker wurde ihm eine ganz besondere Bedeutung zugemessen. Dies lässt auch vermuten, dass die Verehrung des Mondes überall auf der Welt das Resultat einer jahrtausendelangen, sorgfältigen Beobachtung unseres Erdtrabanten ist.

Spiegel des Weiblichen

Der Mond ist wohl der wichtigste Kanal, durch den sich die Lebenskraft der Sonne äußert. Man denke an seinen gewaltigen Einfluss auf Flüssigkeiten und damit auf das Wachstum von Pflanzen oder auch an Ebbe und Flut in den Weltmeeren. Wie gewaltig seine Kraft ist, zeigt sich schon daran, dass sich die Erde durch die Anziehungskraft des Mondes um etwa 25 Zen-

timeter hebt. Und er bewegt auch uns Menschen – schließlich bestehen wir zu mindestens 70 Prozent aus Wasser.
Seit über vier Milliarden Jahren umrundet der Trabant die Erde. Er ist ein Kind der Erde – wie wir. Nach neuesten Forschungen entfernt sich der Mond pro Jahr um 3,8 Zentimeter von uns. Sein Licht aber – das Licht der großen Göttin – bleibt uns erhalten. Es spiegelt sich in den großen Weltmeeren, in Seen, Flüssen, Bächen, Teichen, Tümpeln und Regenpfützen. Es scheint, als heilige der Mond die Wasser, ohne die kein Leben auf der Erde möglich wäre.

Natürliche Zyklen

Bei besonders sensiblen Menschen wirkt er sich auf Gefühle, Schlaf und Träume aus. In besonderem Maße stand er von jeher im direkten Kontakt zu uns Frauen. So werden die Mondmonate und der weibliche Menstruationszyklus oft in Zusammenhang gebracht; tatsächlich haben sie Gemeinsamkeiten: Auf eine Phase des Zunehmens folgt der Vollmond (Eisprung), dann eine des Abnehmens und des Neumondes (Menstruationsblutung). Beide haben mit 29,5 Tagen (Mond) bzw. 28 Tagen (Frau) eine vergleichbare Länge sowie gemeinsame sprachliche Wurzeln: So stammt der Begriff »Menstruation« vom lateinischen »mensis« (d.h.: Monat) ab, welches wiederum seine Wurzeln im griechischen Wort »mene« (d.h.: Mond) hat.
Aus manchen Nomadenkulturen ist bekannt, dass Frauen tatsächlich immer bei Neumond menstruieren. Alte Mondkalender waren also zugleich Menstruationskalender, die der natür-

lichen Geburtenregelung dienten. Manche Indianerstämme bezeichneten diesen Rhythmus als »Mondzeit«. In unserer heutigen Zeit hat jede Frau ihren eigenen Rhythmus, und das ist gut so. Trotzdem kann die Beobachtung des Mondrhythmus und der Art, wie er sich im eigenen Körper spiegelt, durchaus neugierig machen.

Sonnenmann und Mondfrau

Alle Mythen – von jenen der alten Ägypter über die Griechen bis hin zu den Römern – waren auf einem einheitlichen Bild des Sonnengottes aufgebaut, der seinen flammenden Triumphwagen über den Himmel lenkt.

Sonnenwagen von Trundholm

Dagegen erscheint die Mondgöttin in verschiedenen Gestalten; sie spiegelt die drei Hauptphasen in ihrem Zyklus: Als Neumond wird sie wie ein Mädchen oder eine Jungfrau beschrieben, eine aufblühende, verführerische Göttin voll erwachender Sexualität. Als Vollmond wird sie zur fruchtbaren Mutter. In der letzten Phase, bevor der Mond sich in Dunkelheit verabschiedet, wird sie zur Hexe, zur weisen Frau mit magischen Kräften und zur Meisterin der Verwandlung, mit der Kraft zur Heilung.

Die Nornen Urd, Werdandi, Skuld unter der Weltesche

Diese drei Gesichter der Mondgöttin stellen die Zyklen der Natur dar und verbinden die bewussten mit den unterbewussten Vorgängen unseres Geistes. So wurde der Mond zum Urbild von Schöpfung, Frausein und weiblicher Seele. Die Dreiheit findet sich in allen Weltreligionen in der einen oder anderen Form. Viele Naturvölker verehrten den Mond – die Mondin – noch mehr als die Sonne, beteten ihn an und brachten ihn mit Fruchtbarkeit und Geburt in Zusammenhang. In der Mythologie wurde die Mondgöttin als Diana, Selene, Inanna, Athene, Levanah, Demeter und Hekate bezeichnet, bei den Ägyptern hieß sie Isis, bei den Hindus Kali. In der nordischen Mythologie spannen die Nornen, in der römischen die Parzen, die »Weberinnen des Glücks«, die Schicksalsfäden von Vergangenheit, Gegenwart und Zukunft zusammen. Von ihren Mondgöttinnen erbaten sich die Menschen Fruchtbarkeit, eine gute Geburt, üppige Ernte und reichhaltiges Jagdglück.

Mondgöttinnen der alten Griechen

(Römische Entsprechung in Klammern)

Artemis	(Diana)	Jagd- und Mondgöttin
Athene	(Minerva)	Göttin der Weisheit, des Kampfes, der Frauen, der Künste
Hestia	(Vesta)	Göttin des Herdes und des Tempels
Hera	(Juno)	Göttin der Ehe und der Geburt
Demeter	(Ceres)	Göttin des Ackerbaus und der Fruchtbarkeit
Persephone	(Proserpina)	Tochter der Demeter, Göttin der Toten und der Fruchtbarkeit
Aphrodite	(Venus)	Göttin der Liebe und der Schönheit

In allen romanischen Kultursprachen gilt der Mond als weiblich (ital./span.: la luna; franz.: la lune), in der deutschen Sprache ist er männlich. Dabei steht er seit Urzeiten für Wachstum, Zerstörung und neues Wachstum, für Fruchtbarkeit, Empfängnis und Geburt, aber auch für das Unterbewusstsein, für Seele, Gefühl, Sensibilität, Intuition. Im Gegensatz zur beständig scheinenden Sonne ist der Mond unstetig, er nimmt zu und ab und wandelt seine Gestalt. Sein Einfluss kann einer Frau starke, geheimnisvolle Kräfte und Instinkte verleihen.

Der Mond bestimmt den Lebenstakt

Der Rhythmus des Mondes ist entscheidend für unser Leben; ohne ihn wäre die Erde wüst und leer, es gäbe weder Ebbe noch Flut; er bestimmt das Wachstum von Bäumen, Sträuchern und anderen Pflanzen. Der Mond beeinflusst die ganze sichtbare Natur, alle Lebewesen, Pflanzen, Tiere, Menschen. Die Alten nannten das Leuchten des Vollmondes in der Nacht den »neuen Tag«: Sein kraftvoller Schein erhellt die Erde, beflügelt die Fantasie, löst innere Kräfte aus und legt tief verborgenes Wissen frei.
Besonders spür- und erfahrbar wird die Naturkraft der Regentin der Nacht, wenn der Vollmond hoch am Firmament seine Bahn zieht. Dann ist die Kraft des Mondes am stärksten und überträgt sich am wirkungsvollsten und nachhaltigsten.

Rückkehr zu den natürlichen Lebensrhythmen

Unsere moderne, durch und durch technisierte Welt mit ihren (unsere Arbeit und den Haushalt erleichternden) Maschinen und Geräten hat uns auch ein gutes Stück von unseren Wurzeln, von unseren natürlichen Rhythmen entfernt. Die natürlichen Lichtgeber Sonne und Mond, die seit jeher den Tag strukturierten, haben durch die Erfindung des elektrischen Lichts ihre Funktion eingebüßt. Stress und Zeitdruck tun ihr Übriges dazu. Frauen, die in dieser Gesellschaft erfolgreich sein möchten, nehmen fast zwangsläufig Gewohnheiten an, die sie immer weiter von den naturgegebenen Rhythmen wegtreiben. Die Nacht wird zum Tag, der Tag zur Nacht, wir schlafen unregelmäßig oder zu wenig und verweigern uns zuweilen die Ruhe, obwohl wir müde sind. Wir essen zu viel oder zu wenig und zu unregelmäßigen Zeiten. Der Monatszyklus wird zur lästigen Begleiterscheinung, die uns schlimmstenfalls am reibungslosen Funktionieren behindert; am besten verdrängt sie die moderne Frau mithilfe von unaussprechbaren Hygieneartikeln aus der Wahrnehmung, sodass sie auch an ihren Tagen in weißem Rock oder heller Hose eine strahlende Erscheinung abgibt.

Wiederfinden in der großen Mondin

Um den Weg zurückzufinden, gibt es eine große Helferin, die nur darauf wartet, uns beizustehen: die große Mondin. Ihr mildes, kühles Licht, ihre unerschöpfliche Energie und positive

Kraft stehen jeder Frau uneingeschränkt zur Verfügung und sind immer abrufbar – wie ein Gedanke oder ein geistiges Bild. Das gilt auch für die Zeiten, da die große Mondin nicht sichtbar ist, hinter dichten Wolken verborgen ist oder bei Neumond in die Dunkelheit entgleitet. Sie ist immer da, zuverlässig und allgegenwärtig. Sie ist die Mutter des Universums, sie webt und wirkt für uns.
Die Lichtgöttin, unsere Mondin, ist wirksam, auch wenn wir sie nicht sehen können, das Wetter nicht mitspielt oder wir keine Gelegenheit haben, ins Freie zu gehen, um einen stillen Platz in der Natur aufzusuchen und dort Zwiesprache mit ihr zu halten.
Der Mond steht für das Gemüt, die Welt der Gefühle und das Unbewusste. Eine Frau, die sich mit diesen Kräften verbindet, kann wieder intuitive Entscheidungen treffen – Entscheidungen, die im Einklang mit ihren inneren Kräften stehen.

Rituale im Einklang mit den Mondphasen

Die Mondin, die große Göttin, die jahrtausendealte Helferin und Verbündete der Frauen, zeigt uns, wie wir ihre Kräfte für uns nutzen und einsetzen können. Es scheint ein uralter Pakt zu sein, der die Mondin mit uns verbindet, der uns schier magische Kräfte verleiht und uns alle Seelenanteile erkennen und leben lässt.
Um die Lichtkräfte der großen Göttin für Rituale, Energiearbeiten, Reinigung, Zeremonien und Feiern entsprechend einzusetzen und wirken zu lassen, absolvieren wir unsere Riten und Übungen zu den jeweils günstigsten Mondphasen und Mondzeiten.

In jedem guten Mondkalender finden wir die genauen Zeiten der Mondphasen, den Mondaufgang und -untergang jedes Tages. Daraus entnehmen wir den Zeitpunkt des Vollmondes, des Neumondes, des zunehmenden und abnehmenden Mondes. Für Ihr Mondritual sollten Sie allein sein – oder mit Freundinnen zusammen, die selbst aufrichtig an dieser spirituellen Reise teilnehmen wollen.

Der richtige Ort

Wichtig für ein erfolgreiches Mondritual oder eine -zeremonie ist die Wahl des Ortes, der sich am besten in der freien Natur befinden sollte: kreisförmige Waldlichtungen, Inselbrücken an Flüssen oder großen Teichen oder großflächige Hügel- oder Bergkuppen.

Wer nicht die Möglichkeit hat, sich hinauszubegeben, kann als Ritualort eine Dach- oder Gartenterrasse oder ein großes, offenes Fenster wählen. Von Vorteil ist es, wenn das Licht des Vollmondes besonders hell erstrahlt und durch keinerlei atmosphärische Eintrübungen, Straßenlampen oder Neonlichter beeinträchtigt ist.
Achten Sie darauf, dass Sie für eine gewisse Zeit einen uneingeschränkten Blick auf den Mond haben. Erfahrungsgemäß wirkt die Mondenergie nur dann voll und ganz, wenn Sie sie mit den Augen aufnehmen und über das sogenannte Dritte Auge in Ihre Seele einfließen lassen.

Vorbereitung für ein Mondritual

Vor jedem Ritual sollten Sie sich seelisch und körperlich einstimmen. Idealerweise nehmen Sie vorher ein entspannendes Bad und hören dazu beruhigende Musik, die Sie in eine konzentrative Stimmung versetzt. (Den CD-Player *nicht* in der Nähe des Wassers platzieren!) Ätherische Öle, die in einer Duftlampe verströmen, wirken zusätzlich sammelnd.

• • •

Energie-, Kraft- und Heilatmen

(Ein-)Fühlen, Denken, Aufbauen, Harmonisieren, Stärken, Auflösen im Angesicht des Mondes – diese positiven Handlungen können durch richtiges, tiefes, konzentriertes Atmen intensiviert werden. In Verbindung mit den Lebens- und Wirkphasen der großen Mondgöttin unterstützt der gleichmäßige Atemrhythmus Körper und Seele. Beim tiefen Einatmen füllen sich Ihr Zwerchfell, die Flanken und die Lunge mit Luft und reiner Energie. Beim Ausatmen verschwindet, flieht alles, was Sie belastet, bedrückt oder beengt. Schenken Sie insbesondere dem tiefen Ausatmen Ihre Aufmerksamkeit. Machen Sie eine kleine (Atem-) Pause, bevor Sie die Luft wieder in sich einströmen lassen.
Gelingt es uns, im Anblick des Mondes die Lichtenergie der Mondgöttin und den natürlichen Rhythmus des Atemprozesses zum Gleichlauf zu bringen, spüren wir schon nach kurzer Zeit eine enorme Kraft, die uns unaufhaltsam durchströmt: zuerst sanft, etwas zögerlich, dann immer stärker.
Blicken Sie dabei vertrauensvoll nach oben, um der Mondgöttin zu huldigen, ihr Tribut zu zollen und ihr volles Bild zu erfassen.

Die Energien der Mondphasen

Wie gesagt, je nach Phasen und Zeiträumen sind die Gestalten und Wesenheiten der großen Mondgöttin unterschiedlich.

- Die Vollmondin zeigt sich im Kreis, dem Symbol der Ganzheit, dem seit Urzeiten eine magische Bedeutung beigemessen wird. Außerdem gilt der Kreis als Symbol seelischer Energie.

• Der abnehmende Mond – links gerundet – ist das Symbol für Abnahme und Verlust. Er hinterlässt als Sinnbild bzw. Zeichen im geistigen Bereich der Frau keine Spuren, wenngleich sich manche sehr empfindsamen Frauen in dieser Mondphase nicht wohlfühlen. Diese Phase ist nicht die ursprüngliche Mondin, es ist die verhüllte, maskierte Schattengöttin mit ihrer geheimnisvollen, dunklen Seite.

• Der Neumond galt in alten Zeiten als Schreckensmond oder

Schwarzer Mond. Er verbirgt sich vor unseren Augen, antwortet nicht und hinterlässt ein Gefühl der Leere, in der jedoch schon der Keim eines Neubeginns wurzelt.

• Verborgene Kräfte weckt und spricht besonders der zunehmende Mond – rechts gerundet – an. Seine vertraute Lichtgestalt, die Verwandlung, die die Mondgöttin für diese Lichtmondzeit wählt, verstärken das Fühlen und alle Empfindungen.

Wie Sie Ihre Mondkräfte wiederbeleben

Die Mondin, die ewige große Mutter, gebietet nicht nur über den Ablauf der Zeit, über die Seele und die Gefühle, sie waltet auch über Landschaften und bestimmte Orte und Plätze. So ruht der Segen der großen Mondgöttin auf Bergen und Hügeln, Wäldern, Hainen, Gehölzen und bewaldeten Erhebungen. Felsen, Felsmassive und Steine, Flusssteine, Kieselsteine, Findlinge, sie alle unterstehen ihr und ihren Kräften. Alle Wasser – Meere, Seen, Flüsse, Bäche, Kanäle, Teiche – werden von ihr durchdrungen und ständig belebt. In ihre Obhut gegeben sind alle Schiffe, Häfen und Hafenanlagen, denn in alten Zeiten, als es noch kein künstliches Licht gab, waren Mond und Sterne die einzigen Lichter, die Seefahrern bei Nacht den sicheren Weg wiesen.

Machen Sie sich auf die Suche nach Ihrer Lieblingslandschaft oder Ihrem Lieblingsplatz und erleben Sie ihn erhellt durch einen kraftvollen, weit leuchtenden Mond. Dieser Platz schenkt Ihnen Schutz und hilft Ihnen, sich aufzutanken und wieder in Ihre Mitte zu kommen. Suchen Sie diesen Platz immer wieder im Mondlicht auf. Halten Sie Ihr Bild von diesem Platz oder dieser Landschaft fest: in Gedanken, als Foto, in Form einer Zeichnung in Ihrem spirituellen Reisetagebuch, in der Erinnerung, beim gemeinsamen Feiern eines Rituals mit Ihren Freundinnen.

• • •

Neumond ●

Der Neumond, der Schwarzmond, der »Nachtgleiche«, ist der »kurzlebigste« Mond. Seine Wirkung beginnt etwa zwei Tage vor seinem scheinbaren Verschwinden und endet ungefähr zwei Tage danach. Er kündigt eine Phase des Innehaltens, des Neuanfangs an. Eine ideale Zeit, um lästige Gewohnheiten aufzugeben, aber Selbstvertrauen und neue Kräfte aufzubauen. Diese Mondphase ist auch für die große Mondgöttin eine Zeit der Besinnung, der Regeneration erschöpfter Kräfte.
Die Neumondtermine finden Sie in allen möglichen Kalendern, selbstverständlich in jedem Mondkalender oder auch im Internet.

Ritual: Loslassen und Neubeginn

Es gibt Zeiten, Tage, Stunden, selbst Minuten oder Momente, in denen Sie sich die große Sinnfrage stellen: »Wozu das alles?«, oder: »Warum tue ich mir das an?« Das sind entschieden keine Neumond-Fragen. Denn in dieser Mondphase sind Sie eher eingestimmt auf Veränderungen, Neuerungen oder Aufbruch zu Zielen, die zu anderen Zeiten nicht erreichbar erschienen.

Gehen Sie zu Ihrem ausgewählten Ritualplatz, erheben Sie den Blick zum nächtlichen Himmel und nehmen Sie die unsichtbare Kraft des Neumondes ganz in sich auf: ohne Anspannung, ohne Muss und Druck, ohne auf irgendwelche Ergebnisse zu hoffen. Nehmen Sie Ihre Atemzüge als Zeitmaß, geben Sie Ihren Gedanken damit einen Rhythmus und ersuchen Sie die große Mondin um Beistand und Unterstützung für Ihre weitere spirituelle Reise. Ideal für einen Neumondtermin ist beispielsweise eine Absichtserklärung für Ihren spirituellen Weg.

Wenn Sie das Ritual mit Freundinnen begehen, stellen Sie sich in einem Kreis auf und halten Sie sich an den Händen.

Die Ritualmeisterin spricht: »Auch wenn du dich vor uns noch verbirgst, große Mondin, bist du dennoch bei und mit uns. Wir verehren dich, wir erflehen deinen Beistand. Wir sind eins mit dir und der Natur. Wir wissen, es wird nicht mehr lange dauern und du schenkst uns wieder dein volles Licht.«

Die Neumond-Meditation

Wunderbar verbindend ist die Neumond-Meditation – die Verehrung des bald erstrahlenden Lichtes, die Zeit des Neubeginns. In der Neumondphase wirken starke Impulse auf Sie ein, frische, konzentrierte Energien, die viele Vorhaben – das, was Sie jetzt denken und verwirklichen wollen – umzusetzen helfen und möglich machen. Voraussetzung ist, dass Sie Ihre Wünsche und Visionen konsequent verfolgen, unerbittlich und mit der ganzen Energie, die Sie aufbringen können.

Die Mondinnen stimmen sich auf ihre Gemeinschaft ein. Sie bilden dabei einen magischen Kreis und fassen sich an den Händen. Jede lenkt ihre Wahrnehmung auf ihren eigenen Atem und kommt dabei in ihren natürlichen Rhythmus, ohne Druck und ohne Anstrengung.

Stellen Sie sich nun vor, wie jedes Ausatmen dabei hilft, Altes, Unnötiges, Schmerzliches loszulassen, und wie Sie dabei innerlich gereinigt werden.

Wenn die Zeit gekommen ist und alle Mondinnen im Gleichklang schwingen, erklärt jede Frau, welche Vorhaben, Wünsche und Anliegen sie bis zum nächsten Neumond durchführen möchte.

Schließlich visualisiert jede für sich, wie sich das von ihr erwünschte Ergebnis in naher Zukunft manifestiert.

Meditation mit einem Neumondkreis

Um die Energien und Vibrationen der Schwarzen Mondgöttin aufzufangen, schneiden Sie aus schwarzem Karton einen Kreis mit etwa dreißig Zentimeter Durchmesser aus.

Platzieren Sie diese Scheibe zu Beginn einer Neumondnacht im Freien an einem wettergeschützten Platz, wo die Scheibe das Mondlicht jeder Phase ohne Einschränkung aufnehmen kann. Einen Neumond später nehmen Sie die vom Neumondlicht aufgeladene Scheibe und nutzen sie für Ihre Meditation.

Legen Sie dazu die Scheibe vor sich auf den Boden und halten Sie Ihre Hände darüber. Bewegen Sie sie nun in etwas Abstand kreisförmig im Uhrzeigersinn, langsam und gleichmäßig.

Auf diese Weise laden Sie sich mit subtilster Neumond-Energie auf, die Sie immer dann nutzen können, wenn Sie ein neues Vorhaben in Angriff nehmen oder sich neu ausrichten möchten.

Es kann ein wenig dauern, bis Sie für die Neumond-Schwingungen sensibilisiert sind. Sobald sich das Gefühl dafür einstellt, werden Sie von dem tiefen Bewusstsein durchdrungen, dass alle Ihre Absichten und Unternehmungen im Einklang mit der Natur und den kosmischen Gesetzen stehen.

• • •

Vollmond ○

Bei Vollmond – wenn die Mondgöttin ihre Schwingen weit ausbreitet – stehen sich Sonne und Mond am Himmel gegenüber. Der Mond »badet« sich im vollen Schein der Sonne. Die Vollmondnacht gilt als die Zeit der Erfüllung, der größten Kraft und der Vollendung; durch sie spüren wir unsere Stärke. Unsere

Gefühle, unsere Sensibilität und unser Mitgefühl sind während dieser Mondphase besonders intensiv. Sie beeinflusst uns, seelische Konflikte können wir nun leichter lösen. Viele Dinge erscheinen auf einmal klarer, Antworten tauchen auf, um die wir uns zuvor vergeblich bemüht haben. Jetzt sind die Energien der großen Mondin am deutlichsten zu spüren und zu erleben.

Ritual: Innere Freiheit und Heilung

Die enorme Kraft und der mächtige Schein des Vollmonds – die konzentrierte Energie der großen Göttin – können helfen, lindern und heilen. Sie können die Botschaften von Träumen verdeutlichen und deren Inhalte entschlüsseln. Die scheinbare Aufnahme des Vollmondkreises in den Körper hinein – die Imagination der Silberscheibe, das Symbol der großen Göttin – befreit von inneren Zwängen und löst Verspannungen körperlicher und seelischer Art.

Allein oder lieber in der Gruppe?

In einer Gruppe können sich die Energien bei einem Mondritual noch verstärken. Das Miteinander schafft ein Kraftfeld für alle Beteiligten – auch mit unterschiedlichen Anliegen. Denken Sie bei allen Ritualen, ganz gleich ob Sie sie allein oder in der Gruppe durchführen: Keinem Menschen wird Schaden zugefügt und es gilt immer, aufrichtig zu sein. Selbst wenn eine Erfahrung mit einem Verzicht- oder Verlustgefühl verbunden sein sollte, versuchen Sie sie als etwas Naturgegebenes anzunehmen, dessen Sinn sich unter Umständen erst einige Zeit später erschließt.

• • •

Um sich voll und ganz Ihrem Ritual hingeben zu können, sollten Sie zu Beginn meditieren und sich dabei von negativen Gedanken und inneren Programmen befreien. Die Beobachtung des Atems ist dabei hilfreich. Erst wenn Sie das Gefühl haben, Sie sind wirklich bereit, lassen Sie die Worte und Empfindungen aufsteigen, mit denen Sie Ihre neuen Ziele umschreiben, und halten Sie stille Zwiesprache mit der Mondgöttin.

Sollte es Ihnen zunächst schwerfallen, der Mondin in Gedanken zu begegnen und sie in sich aufzunehmen, bewegen Sie zur Einstimmung ganz ruhig und entspannt Ihre Lippen. Formulieren Sie im Geiste, was Ihnen besonders am Herzen liegt, was Sie loswerden, ändern oder erkennen möchten. Es wird Ihnen zufließen, je mehr Sie sich entspannen und Altes loslassen.

Ein idealer Platz für ein Vollmondritual ist ein See, ein Teich oder ein sanft dahinfließender Bach. Seit Urzeiten waltet zwischen Wasser und dem magischen Licht des Mondes eine kraftvolle Symbiose. So kann schon das Spiegelbild der silbernen Göttin auf einer Wasseroberfläche segnen, heilen und mit tiefem Frieden erfüllen. Alten Überlieferungen zufolge bringt der Anblick der spiegelnden Mondscheibe im Wasser Glück und Segen und hilft dabei, die Verbundenheit mit seiner Kraftquelle zu erfahren und ihre heilende Kraft zum Wirken zu bringen.

Ritual-Variationen:
Energie schöpfen mit der Mondkraft

Wenn Sie alleine mit der Mondgöttin meditieren möchten, gibt es für Sie einige ausgezeichnete und leicht nachvollziehbare Rituale, die nicht nur bei Vollmond, sondern auch bei zunehmendem Mond geeignet sind.

- *»Schenke mir Kraft!«*

Visualisieren Sie schon vor Beginn Ihres Rituals, wie die große Mondgöttin Ihnen ihre Kraft überträgt und zufließen lässt. Gehen Sie hinaus in die Nacht an Ihren bevorzugten Ritualplatz und richten Sie Ihren Blick auf die jeweilige Gestalt der großen Mondin.
Atmen Sie mehrmals tief ein und aus, laden Sie sich mit jedem Einatmen auf, entspannen Sie sich beim Ausatmen und lassen Sie den Atem in die Nacht hineinfließen. Lösen Sie sich dabei ganz von sich selbst.

- *»Strahle in mir und durch mich hindurch!«*

Empfinden Sie das Licht der großen Mondin als unversiegbare Kraftquelle, die Ihnen immer und überall zur Verfügung steht. Nehmen Sie das Licht ganz in sich auf. Stellen Sie sich dabei einen strahlenden Kreis vor, der Ihnen näher und näher kommt und dem Sie entgegenschweben, bis Sie ein Teil von ihm geworden sind. Dann lassen Sie einfach los.

- *»Ich erbitte deinen Beistand!«*

Sprechen Sie die Mondgöttin an, wenn Sie ihr etwas sagen oder

etwas loswerden möchten. Bitten Sie sie um ihren Beistand, damit Sie weiter wachsen und von ihr gefördert werden. Bitten Sie sie um die Gabe, den richtigen Weg zu erkennen, damit Sie ihn gehen können und dabei geleitet werden.
Führen Sie dieses Ritual bei Bedarf öfter durch. Wie alle geistig-seelischen Prozesse erfordert es einige Zeit, bis sich spürbare Veränderungen abzeichnen. Bleiben Sie gelassen bei diesem Ritual und geben Sie sich vertrauensvoll den natürlichen Prozessen und der Mondin hin. Alles wird, alles verändert sich, nichts bleibt, wie es ist.

Zunehmender Mond ☽

Bei zunehmendem Mond wirken vitalisierende, aufbauende Maßnahmen besonders gut. Nun beginnt die Phase des Aufnehmens und des Wachstums. Geistiges verdichtet sich, Schwierigkeiten können überwunden werden. Das Selbstbewusstsein stabilisiert sich. In dieser Mondphase kommen Sie bei anderen Menschen gut an und können mühelos Freunde, Freundinnen und Herzen für sich gewinnen.

Ritual: Aufnehmen und Speichern

Suchen Sie, wenn die erste Sichel des Halbmondes sichtbar ist, alleine oder mit Ihren Mondschwestern Ihren vertrauten Meditationsort auf.

Stellen Sie sich in einem weiten Kreis auf und warten Sie, bis die von Ihnen vorher gewählte Ritualmeisterin die Meditation mit den Worten beginnt: »Liebe Mondinnen, jetzt ist die Zeit der Kraftaufnahme und des Wachstums. So wie die große Göttin mit jedem Tag, mit jeder Stunde, stärker und stärker wird und fortwährend ihrer Vollendung entgegengeht, so wachse und erneuere sich auch unsere Kraft.«

Nun reichen Sie sich alle die Hände, schließen somit den energetischen Kreis und geben sich ganz dem nach rechts gerundeten Sichelschein hin.

Die Ritualmeisterin wählt das »M« – den Konsonanten der Göttin – aus, der einstimmt auf das Schwingungsritual. Leise und mit leicht geschlossenen Lippen intoniert sie das »M«. Leicht ansteigend und wieder sacht abfallend, verändert sich die Tonlage im Rhythmus des Atmens. Dann spricht sie, während sie in die Kreismitte tritt: »Wir stellen uns jetzt die fließende Lichtkraft der großen Mondin vor.«

Mit erhobenen Armen reckt sie sich der Mondsichel entgegen und summt laut und deutlich in lang gezogenem gleichmäßigem Tonfall das »M«.

Dann spricht sie: »Erhebt euer Antlitz zur Muttergöttin, die wieder zurück ins Leben kehrt, und ehrt sie, wie es ihr gebührt.«

Die Mondinnen nehmen den »M«-Ton auf und heben gemeinsam ihre Arme dem Licht entgegen.

Dieses Ritual ist an keine Zeit gebunden, es ist nur abhängig von der Dauer des Blicks auf das Bild des zunehmenden Mondes und der Intensität seines Lichts. Während die Göttin sich nur halb zeigt, offenbart sie für all jene, die ihr zugetan sind, ihr halbes Licht.

Abnehmender Mond ☾

In dieser Phase, wenn Mond und Sonne dicht beieinanderstehen, tun Sie gut daran, die Zügel schleifen zu lassen. Probleme erledigen sich fast wie von selbst, und vieles geschieht jetzt von ganz alleine. Sie können ruhig und getrost der Dinge harren, die auf Sie zukommen. Bei positiv angesetzten Aktivitäten fließt die Energie in die Richtung, die Ihrem Streben und Ihren Zielen hilfreich entgegenkommt. Eine Zeit der sanften Veränderungen bricht an. Körperliche und geistige Leistungen gelingen viel leichter. Sie sind hellwach und empfindsam.

Ritual: Offen für Neues

Bei abnehmendem Mond macht sich die große Mondgöttin langsam zum Aufbruch bereit und sendet nur wenige Impulse aus.

Begeben Sie sich allein oder im Kreis Ihrer Mondschwestern auf Ihren Ritualplatz.

Jede Frau teilt der langsam entschwindenden Mondgöttin in Gedanken oder laut ihre Kümmernisse, Sorgen oder enttäuschten Hoffnungen mit.

Nehmen auch Sie sich eine Angelegenheit, eine Verletzung oder ein Problem vor, womit Sie im Moment nicht weiterkommen. Übergeben Sie es der Abschied nehmenden Mondin und bitten Sie die Göttin auf ihrer weiteren Reise um die Erde, das Sie Belastende auf- und mitzunehmen und in der Nachtschwärze des unendlichen Alls unwiederbringlich aufzulösen. Schon nach kurzer Zeit werden Sie sich sehr erleichtert fühlen und feststellen, es fehlt etwas, aber Sie vermissen es nicht. Gleichzeitig entsteht in Ihnen ein Gefühl, dass Sie Neues in sich aufnehmen können: Gedanken, Elemente, Gefühle, die Sie bereichern und für Ihre weitere Entwicklung und Ihr spirituelles Wachstum besonders förderlich sind.

Wenn Sie möchten, umarmen Sie einander zum Abschluss und beglückwünschen Sie sich zu einem guten Neubeginn. Ein wunderbarer Neuanfang, eine herrliche, lichtvolle Zeit liegt vor Ihnen. Klar und deutlich erkennen Sie Ihren Weg.

Das Wasser der Mondgöttin

Zur Meditation, für Ihren Altar, aber auch zur Verstärkung der inneren Verbundenheit mit der großen Mondin ist die Beweihung von Mondwasser ein wunderschönes Ritual.

Die beste, weil energiereichste Zeit, um spirituelles Mondwasser zu gewinnen, ist die Vollmondphase. Suchen Sie dazu Ihren Lieblingsplatz an einem kleinen See, einem Teich oder an einem Bach auf. Nehmen Sie ein Gefäß, eine große Schale oder eine kleine Flasche mit.

Je nach Wunsch oder Ziel wählen Sie einen Neumond- oder einen Vollmondtag, um Ihr Mondwasser aus der von Ihnen gewählten Quelle zu schöpfen. Je intensiver, aber auch gelassener Sie sich der Neumond- oder Vollmondzeit hingeben, umso energiereicher, heilsamer und wirkungsvoller ist das Wasser mit seiner positiven Energie. Wenn Sie möchten, können Sie Ihr Mondwasser sogar um Mitternacht bei Neu- oder Vollmond abfüllen. Ein um diesen Zeitpunkt aufgenommenes Wasser besitzt große Energien und Wirkkräfte. Wenn Sie bei Vollmond auf der Wasseroberfläche den Spiegel des Mondes schwimmen sehen, ist dieses Mondwasser besonders energetisch und kraftvoll.

• • •

Falls Sie in den nächsten Tagen, Wochen oder Monaten mit der Mondin Kontakt aufnehmen möchten, halten Sie am besten immer die gleiche Mondzeit ein. Das gilt auch dann, wenn Sie meditieren wollen oder mit der großen Göttin Ihre Kraftzentren aufladen möchten.

Vollmondwasser – Neumondwasser

Das aus einer reinen Wasserquelle geschöpfte Wasser stellen Sie an einen geschützten Platz, auf den das Licht des Vollmondes fällt. Mit dem Mondwasser können Sie bei Bedarf Ihre Schläfen, Handinnenflächen oder Fingerkuppen benetzen. So vertiefen Sie Ihre meditativen Gedanken, machen sie klar und durchdringend.

Das bei Vollmond gewonnene Wasser dient Ihrer inneren Stabilisierung, wenn Sie sich schwach fühlen oder nicht

genau wissen, welchen Weg Sie im Moment einschlagen sollen.
Das bei Neumond geschöpfte Wasser kann bei der Änderung von Gewohnheiten helfen, beim Einschlagen einer neuen Lebensrichtung oder wenn Sie gegenüber anderen Menschen eine gelassenere, tolerante Einstellung gewinnen möchten.
Hinterfragen Sie dabei nicht, ob Ihr Tun richtig oder wirkungsvoll genug ist. Alles Tun, alles Schaffen, Schöpfen, Gestalten, Verändern oder In-den-Blick-Fassen ist geprägt von Ihrer Haltung, Ihrer Sensibilität und Empathie, der Intensität Ihrer Hoffnung und des Willens. Erwarten Sie nichts, bleiben Sie absichtslos und frei in Ihrem Tun, das in sich gut ist.

• • •

Nachtfeuer-Ritual

Das Nachtfeuer-Ritual geht weit zurück in die Vergangenheit, als das Feuer noch heilig und kostbar war und von eigens dazu bestimmten Wächterinnen beschützt, genährt und behütet wurde.
Feuer stellt eines der vier Elemente dar; es ist unentbehrlich, hilfreich, notwendig, aber auch gefährlich. Stets muss es genährt und dabei im Blick behalten werden, damit es uns nicht verletzt.
Das Nachtfeuer-Ritual, das Sie mit gleichgesinnten Freundinnen durchführen können, beginnt um Mitternacht – oder zu der Zeit, in welcher der Vollmond seine größte Lichtkraft hat.

Da der Mond eher selten um Mitternacht sein volles Licht entfaltet (die Vollmondzeiten lassen sich jedem Mondkalender entnehmen), wählen Sie die Stunden aus, an denen Sie den Mond vom Zeremonienplatz am besten erkennen können.

Der Mondkreis wird mit einem ungefähren Durchmesser von etwa zehn bis fünfzehn Metern mit Fackeln in gleichmäßigen Abständen abgesteckt. Dann werden die vier Himmelsrichtungen bestimmt: Fangen Sie traditionell mit dem Osten an, dem Geburtsort des Lichts; dann folgt der Norden, der Süden und zuletzt der Westen.

Die Mitte des Mondkreises bildet ein Feuerkorb oder eine kreisförmige Feuerstelle aus Steinen mit dem heiligen Feuer. In jeder Himmelsrichtung steht eine Mondin als Hüterin und Wächterin der ewigen Flamme. Eine von ihnen entzündet mit dem heiligen Feuer einen Span oder Zweig und bringt damit die Fackeln zum Brennen.

Unterdessen stellen sich die anderen Frauen (sollten es mehrere sein) in den Mondkreis, halten ihre brennenden Fackeln empor, senken sie zuerst nach Osten, dann nach Norden, nach dem Süden und abschließend hin zum Westen.

Nun wird der Konsonant »M« leise, fast stimmlos, dann nach und nach lauter werdend angedeutet, bis alle Mondinnen den Ton aufgenommen haben. Das »M« wird dabei immer mit dem Ausatem verbunden. Üben Sie das Mondkraft-Atmen mit Ihren Mondinnen so lange, bis Sie sich eingeschwungen haben und Sie die Einheit aller fühlen.

Zwischendurch können Sie gemeinsam pausieren, bis eine wieder den Ton anstimmt. Führen Sie dies drei Mal hintereinander durch und lassen Sie dann die meditative, kraftvolle Stimmung auf sich wirken.

Nach der Meditation gehen Sie nicht gleich auseinander. Wenn Sie möchten, verweilen Sie noch gemeinsam am Feuerkreis, bis alle Fackeln erloschen sind. Dann gruppieren Sie sich um den Feuerkorb und werfen die Fackelreste hinein, bis sie vom Feuer restlos aufzehrt sind. Jede Mondin wirft jetzt ihre Aufzeichnungen, Notizen, Wunschzettel, Hoffnungshölzchen oder Mondfedern in die ersterbende Glut. Damit endet die Nachtfeuer-Meditation.

Alle Mondinnen nehmen nun langsam Abschied vom Augenblick, vom Jetzt, vom vollen Mond und voneinander.

Wenn Sie diese Meditation einmal im Monat (oder sooft es Ihnen und den anderen Mondinnen gefällt) durchführen, wird Ihnen die jetzt noch formal erscheinende Zeremonie immer vertrauter und unentbehrlicher werden. Sie werden innere Wärme empfinden, eine tiefe Vertrautheit mit der Natur und besonders mit den Mondinnen. Nach jeder Meditation wird Sie eine tiefe Ruhe und Zufriedenheit erfüllen und Sie werden gestärkt in Ihren Alltag zurückkehren.

Weltrad-Tanz

Ein wunderschönes Ritual ist das große Weltrad. Es ist ideal für alle Initiationen und den Neubeginn. Die Tänze und Reigen, die dabei getanzt werden, können – je nach Jahreszeit – einem bestimmten Motto folgen: dem Beginn des Frühlings,

der Herrschaft der Maikönigin, dem kraftvollen Vollmond der Erntezeit, dem Gabenreichtum der belebten Natur.
Diese Zeremonie können Sie nur in einer Gruppe mit gleichgesinnten Freundinnen durchführen. Sammeln Sie vorher Kräutersträuße und Blumen, die zum Abschluss des Rituals als Geschenk dienen.

Auf einem großen Ritualplatz lässt sich dieses Rad am besten ausrichten. Ein großer Kreis mit etwa 15 Metern Durchmesser stellt das Weltrad dar. Im Uhrzeigersinn werden zwölf Fackeln aufgestellt, deren Licht Ihnen den Weg weist.

In den Mittelpunkt des Kreises legen Sie Ihre Sträuße. Teilen Sie sich dann in zwei Gruppen: Die eine wird im Mittelpunkt des Kreises tanzen und musizieren, die andere schreitet in Ruhe den inneren Fackelkreis ab. Zum Musizieren verwenden die Tänzerinnen eine Trommel und eine Flöte. Zuerst stimmt sich die innere Gruppe durch die Beobachtung ihres Atems auf das Ritual ein. Nach einer Weile erhebt die Flötenspielerin ihr Instrument und improvisiert frei eine Melodie. Die Trommel stimmt daraufhin ein und gibt den Tanzrhythmus vor.

Die andere Gruppe der Frauen geht langsam und konzentriert im Kreis. Sobald die Zeit gekommen ist, wird die Trommel drei Mal hintereinander geschlagen. Nun bleiben die Tänzerinnen stehen und sehen sich an. Die Frauen im äußeren Kreis halten ebenfalls inne. Alle Frauen stellen sich nun im Kreis auf und fassen sich an den Händen. Atmen Sie noch einige Zeit gemeinsam, wenden Sie sich dann Ihrer Nachbarin zu und wünschen Sie ihr Glück und alles Gute. Überreichen

Sie ihr einen Kräuter- oder Blumenstrauß und meditieren Sie anschließend gemeinsam über die Drei Heiligen Frauen und die Kräfte, die in ihnen wohnen. So schließt sich der Kreis – das Weltrad wird sich unterdessen aber weiterdrehen.

Die magischen Mondstunden

Die magischen Mondstunden leiten sich von den »Regenten der Tage und Stunden« (siehe Tabelle im Anhang) ab. In diesen Stunden herrscht und regiert die Mondgöttin. Ihre Kraft und ihr Wirken sind jetzt besonders stark. Wenn Sie sich gerade in diesen lunaren Stunden mit der Mondin bewusst und geistig verbinden, fließen Ihnen enorme Energien zu und die Rituale und Handlungen sind besonders wirkungsvoll.

Von Sonnenaufgang bis Sonnenuntergang

Montag:	erste und achte Stunde
Dienstag:	fünfte und zwölfte Stunde
Mittwoch:	zweite und neunte Stunde
Donnerstag:	sechste Stunde
Freitag:	dritte und zehnte Stunde
Samstag:	siebte Stunde
Sonntag:	vierte und elfte Stunde

Von Sonnentergang bis Sonnenaufgang

Montag:	dritte und zehnte Stunde
Dienstag:	siebte Stunde
Mittwoch:	vierte und elfte Stunde

Donnerstag:	erste und achte Stunde
Freitag:	fünfte und zwölfte Stunde
Samstag:	zweite und neunte Stunde
Sonntag:	sechste Stunde

Die Magie der Wochentage

Alle Rituale, Zeremonien, Räucherungen, Reinigungen oder Meditationen sollten Sie an den Wochentagen durchführen, die für die magisch-energetische Arbeit ein Höchstmaß an Wirkkraft entfalten. Wählen Sie für Ihre magischen Rituale nur die Tage, die für Ihre Zwecke geeignet sind.
Denn jede Woche stellt einen Zyklus dar. Auch hier spiegeln sich die Rhythmen der Natur und der Planeten wider. So ist Montag der Tag des Mondes und Sonntag der Tag der Sonne. In der Astrologie ist jedem Tag darüber hinaus ein bestimmter Planet zugeordnet (siehe Tabelle im Anhang). Jeder Wochentag hat deshalb bestimmte Qualitäten, eine ihm eigene Magie und Schwingung: Sie basieren auf den Einflüssen von sieben Himmelskörpern, die den Menschen seit dem Altertum bekannt sind.

Montag – Tag des Mondes

(Tag des Mondes, Mondtag)
Der Montag ist der Tag des Mondes, der Tag der Göttin Luna und der Regent des Sternzeichens Krebs. An diesem Tag sind die weiblich-»spürsamen« Kräfte besonders gut ausgeprägt, ein fantastisches Gespür ist Ihnen gegeben. Mondregierte Stunden eignen sich besonders für Rituale der Fruchtbarkeit und Empfäng-

nis und Zeremonien für Wachstum und Weiterentwicklung. Gefühlsmäßige Entscheidungen und Entschlüsse sind begünstigt, da der Mond besonders empfänglich und sensibel macht. Zum Räuchern eignen sich jetzt Kampfer, Myrrhe, weißer Mohn.

Dienstag – Tag des Mars

(Tag des Tiu/Tyr, Tiestag)
Handeln ist angesagt! Ein Tag, der Einsatz und Durchsetzungskraft fördert und von Bewegung, Kraft und sexueller Energie bestimmt wird. Der Dienstag eignet sich für Kraftrituale und sportliche Aktivitäten, für einen Nachmittag im Fitnessstudio, aber nicht für riskantes Verhalten im Alltag. Beginnen Sie mit einer Ernährungsumstellung oder widmen Sie sich Angelegenheiten, denen Sie bisher aus dem Weg gegangen sind.
Dieser Wochentag eignet sich sehr gut für Räucher- und Reinigungsrituale mit Tabak, Wermut, wohlriechenden Hölzern.

Mittwoch – Tag des Merkur

(Tag des Wotan/Odin, Wotanstag)
Der Mittwoch begünstigt alles, was mit Ideen, Kreativität, Kommunikation, Gesprächen und wichtigen Nachrichten zu tun hat. Sie dürfen sich heute nur nicht auf zweifelhafte Geschäfte oder Aufgaben einlassen, keine endgültigen Entscheidungen treffen oder sich festlegen. Gut geeignet ist der Merkur-Tag für die Auffrischung von Beziehungen und für Treffen mit Freundinnen.
Zum Räuchern eignen sich jetzt Mastix, Zimt, Gewürznelken, Muskat, Kümmel.

Donnerstag – Tag des Jupiter

(Tag des Thor/Donar, Donarstag)

Der Donnerstag versetzt in eine großzügige, fast verschwenderische Stimmung. Daran sollten Sie denken, wenn Sie morgens aus dem Haus gehen. Für das Meditieren ist ein Jupiter-Tag ideal, denn die Stimme der Intuition ist reiner und klarer als an anderen Wochentagen. Auch für gemeinschaftliche Rituale oder zauberhafte Beschwörungen ist dieser Tag vorzüglich geeignet.

Zum Räuchern eignen sich jetzt Anis, Lorbeer, Sandelholz, Aloe.

Freitag – Tag der Venus

(Tag der nordischen Liebesgöttin Freyja)

Der Freitag war einst der traditionelle Hochzeitstag. Er ist ein guter Tag für die Liebe im weitesten Sinne, um zu flirten, das Herz sprechen zu lassen oder um Freunden und Freundinnen eine Freude zu bereiten. Liebesrituale oder eine Versöhnungszeremonie sind an diesem Tag sehr begünstigt; ist dann auch noch die richtige Stunde gewählt, kann sich eine glückliche Partnerschaft ergeben. Der Freitag lädt dazu ein, sich selbst näherzukommen und sich mit harmonischen Gedanken zu entspannen.

Zum Räuchern eignen sich jetzt Waldmeister, Ambra, Moschus.

Samstag – Tag des Saturn

(Tag des Saturn, Tag der »Perchta« / Frau Holle)

Saturn, der Planet der Prüfung, Konzentration und Grenzsetzung, bestimmt den Samstag, der manchmal etwas schwerfällig

verlaufen kann. Unter seinem Einfluss geht alles ein wenig langsamer und stockender; was an diesem Tag begonnen wird, kann sich lange Zeit hinziehen. Von spontanen Aktionen ist daher abzuraten. Positiv wirkt es sich dagegen aus, dass der Samstag uns Geduld und Ausdauer eingibt. Am Samstag geschlossene Geschäfte oder Abmachungen, auch Freundschaften, sind von Bestand. Das Einfühlungsvermögen hat eine besondere Qualität und Tiefe.
Zum Räuchern eignen sich jetzt Mohn, Efeu, Myrrhe, wohlriechende Wurzeln.

Sonntag – Tag der Sonne

(Tag der Sunna, d.h. Sonne)
Dieser Tag ist besonders günstig, um die inneren Schöpferkräfte zu erwecken, um kreativ zu werden, um gemeinschaftliche Rituale und magische Praktiken mit Erfolg einzusetzen und zu verwirklichen. Sie tun gut daran, sich an diesem Tag auszuruhen oder sich nur mit angenehmen, beruhigenden Dingen zu beschäftigen.
Zum Räuchern eignen sich jetzt Ambra, Safran, Myrrhe, Lorbeer, Limone, wohlriechende Harze.

Die magischen Mondstunden der Wochentage

Die Regenten-Tabelle (siehe Anhang) beginnt (Tagesstunden) am Sonntag mit der 1. Stunde (Sonnenstunde – Sonnenaufgang) und endet mit der 12. Stunde (Sonnenuntergang). Die Nachtstunden beginnen mit der 1. Stunde (18–19 Uhr) und enden mit der 12. Stunde (5–6 Uhr). Anhand dieser Tabelle finden Sie leicht die für Rituale und Zeremonien wichtigen Mondstunden.

• • •

Jahreskreisfeste

Viele der heutigen christlichen Feste gehen auf germanische oder keltische Feste zurück, die die Rhythmen der Natur widerspiegeln. So gibt der Lauf der Sonne bestimmte Ereignisse im Jahreslauf vor, für die von jeher magische und stärkende Ritualfeiern vorgesehen sind: den längsten Tag im Sommer, die Sommersonnenwende (21./22. Juni); den kürzesten Tag im Jahr, die Wintersonnenwende (21./22. Dezember); jeweils einen Tag im Frühjahr und Herbst, an dem Tag und Nacht gleich lang sind: die Tagundnachtgleiche (um 21. März und 23. September). Nutzen Sie diese Zeiten, um sich auf den natürlichen Ablauf der Zeit zu besinnen und diesen besonderen Tagen Gestalt, Leben und Energie zu verleihen, indem Sie sie nach dem Vorbild Ihrer Urahninnen feierlich mit einem Ritual begehen. Nehmen auch Sie die Gelegenheit wahr, mit Tanz, Gesang und Ritualen aktiv im Prozess der ständigen Erneuerung der Natur mitzuwirken.

Kultische Tänze in Kreisform

Tänze gehören seit ältester Zeit zu sakralen Festen, weil ein Kreis von tanzenden Menschen auf der Erde unsichtbare, manchmal auch sichtbare Muster hinterlässt, die wie

die Zeichen auf Steinen und in Höhlen den kosmischen Reigen der ständigen Wiederkehr spiegeln. Die Tänze aktivieren und verstärken auch bestimmte Energien in den Tanzenden und auf dem Platz, auf dem sie stattfinden.
So folgten beispielsweise kultische Umgänge zu Ehren der Bethen sowie die daraus entstandenen kirchlichen Reigentänze dem Kreislauf des Lebens. Dabei wurden Kult- und Opferstätten meist dreimal umkreist, und zwar mit dem Lauf der Sonne von links nach rechts. Ein Umgang brachte nur dann Segen oder Heilung, wenn er in Übereinstimmung mit den kosmischen Reigen von Sonne, Mond und Sternen vollzogen wurde und damit den Rhythmen und Gesetzen des Alls folgte. Wer anders herum tanzte, beging nicht nur eine Missetat, sondern beschwor Unglück und Not herauf. Auch in vielen alten Folkloretänzen spielt die Tanzrichtung eine entscheidende Rolle.
Besonders in den keltischen Ländern Irland, Cornwall und der Bretagne wurden Quellen, Steinkreise oder Altäre meist drei oder neun Mal umkreist. Bei Heilritualen gab es strenge Regeln, ob eine Bewegung mit oder gegen die Sonne auszuführen war. In der vormals keltisch besiedelten Eifel haben sich bis vor wenigen Jahrzehnten Auferstehungsprozessionen erhalten, die am frühen Ostermorgen von links nach rechts um die Kirche führten.

• • •

Das Rad der Jahreszeiten

Acht Rituale verbinden uns mit dem Rad der Jahreszeiten, dem Rhythmus von Geburt, Leben, Tod und Wiedergeburt, mit der großen Göttin in ihren vielfältigen Aspekten und Gestalten. Die Jahreskreisfeste unterteilen das Jahr in Zeiträume von jeweils sechs bis sieben Wochen. Jede dieser Perioden hat ihre eigene Kraft. Die Gestaltung der Feste mit ihren unterschiedlichen Themen lädt Sie ein, sich mit unserem eigenen Lebensalltag in diesen kosmischen Wandel zu integrieren. Die Feste als Rituale zu feiern ist ein Weg, uns unserer ständigen Wandlung, der zyklischen Natur allen Lebens bewusst zu werden und uns im Einklang mit ihr zu bewegen. Wir verbinden uns auf diese Weise mit der Kraft der vier Elemente Erde, Wasser, Luft und Feuer und erleben die Energie des Frauenkreises. So können wir zu den Wurzeln weiblicher Spiritualität zurückfinden, die eigenen geistigen Kräfte kennenlernen, sie stärken und vertiefen.

1./2. Februar: Imbolc (Kerzenfest, Lichtmess, Wiederkehr des Lichtes)

Dem keltischen Kalender zufolge war Imbolc das Fest des Frühlingsanfangs, der Reinigung und der Wiederkehr des Lichtes. Es war der Göttin des Feuers und der Fruchtbarkeit, der Erdmutter Brigid geweiht, die auch als die Beschützerin gegen die Kräfte der Finsternis galt. In ihrem Namen schwingt die Bedeutung »strahlend« und »hell« mit (engl.: bright). Brigid war die Schutzherrin von Vieh und Ernte. Sie lehrte den Menschen

alles, was er brauchte. Zusammen mit ihren beiden Schwestern war sie eine der drei göttlichen Jungfrauen. Ihr zu Ehren flocht man im Februar Strohkreuze, die man brennend die Berge hinunterwarf. Ihr Feuer sollte das Eis zum Schmelzen sowie Fruchtbarkeit bringen. Die Quellen der heiligen Brigid galten als besonders heilkräftig.
Im christlichen Jahreskreis wird an diesem Tag das Namensfest der heiligen Bridget oder Brigitta begangen. Früher stellte dieses Fest zugleich den Beginn der Feldarbeit dar. Knechte und Mägde traten ihre Dienste an.
Lichtmess war immer ein Merktag erster Ordnung im Jahr. Mit ihm begann das eigentliche Jahr des Bauern. Mit Winterschlaf und Stubenhocken war es nun aus für die Bauernfamilien. Es begann die harte Arbeit auf dem Feld, im Weinberg und im Garten. Nun wurden die in der Winterzeit gezogenen Kerzen geweiht. Sie sollten in Zeiten der Not, der Angst oder der Traurigkeit eine besondere Schutzkraft besitzen. Die Kerzen brannten am Lichterfest die ganze Nacht hindurch.

Anfang Februar werden die Tage merklich länger, die Sonne gewinnt an Kraft, die Natur erwacht zu neuem Leben, überall beginnt es zu keimen, zu wachsen und zu sprießen. Dieser Aufschwung und energetische Schub der Natur überträgt sich auch auf uns Menschen.
Jetzt ist die beste Zeit für einen Neubeginn, für die Klärung von Problemen und unerledigten Angelegenheiten. Alte »Zöpfe« werden abgeschnitten, überholte Verhaltensmuster neu überdacht. Jetzt können Sie Pläne machen für das kommende Jahr, die Ihrer persönlichen Entwicklung dienen.

Rituale für das Kerzenfest

Gönnen Sie sich Zeit für eine Meditation und lassen Sie mit Ihrem Atem neue Kräfte in sich einfließen. Spüren Sie, wie die Winterstarre weicht.
Mit der inneren Reinigung, dem »Frühjahrsputz der Seele«, kann eine äußere einhergehen. Befreien Sie sich von Dingen, die Sie längst nicht mehr brauchen, lassen Sie Licht und Luft in Ihre Wohnung einströmen. Das Räuchern mit reinigenden Kräutern vertreibt die letzten Wintergespenster.
Zünden Sie abends am 1. oder 2. Februar Ihre Lieblingskerze an und lassen Sie sie die Nacht hindurch in einem großen, schützenden Windlichtglas an einer sicheren Stelle brennen.
Gehen Sie am Tag hinaus in die Natur und streifen Sie alles ab, was Sie an der Aufnahme neuer Kräfte und Energien hindern könnte. Spüren Sie das keimende Leben, die Urkraft, den unaufhaltsamen Willen der Natur, neues Leben hervorzubringen. Nehmen Sie die Kraft der Sonne in sich auf, während sie die Natur zu neuem Leben erweckt.

Um 21. März: Ostara (Frühlings-Tagundnachtgleiche, Frühlingsanfang)

Ostern ist ein altes Frühlingsanfangs- und zugleich ein Mondfest. Denn am Zyklus des Mondes orientiert sich das Osterfest bis heute. An diesem Tag (er variiert im Sonnenkalender vom 20. bis 23. März infolge des Unterschieds zwischen dem aktuellen astronomischen Ereignis und unserem Sonnenkalender) überschreitet die Sonne den Äquator: Tag und Nacht sind dann genau gleich lang. Die Sonne befindet sich im Frühlingspunkt. An diesem Tag beginnt astronomisch der Frühling. Der Frühlingsanfang ist eine Zeit der Fruchtbarkeit, des erneuerten Lebens, des Gleichgewichts zwischen Tag und Nacht sowie den Kräften des Lichts und der Dunkelheit. Nun wird das Licht der Sonne endgültig über die dunklen Nachtstunden triumphieren. Vor langer Zeit war dies das Fest der germanischen Göttin Ostara, die uns die Sonne aus dem Osten bringt. Ostara heißt so viel wie »Zeugung der Erde«. Ihr werden die Schlüsselblumen, die dem Frühling das Tor öffnen, zugeordnet. Aber auch Eier und Hasen, jene Symbole der Fruchtbarkeit, gehören zu Ostara. Es ist eine Zeit der Verheißung, des Aufbruchs; die Natur erwacht zu neuem Leben.

Sie fühlen und empfinden, wie alles nach draußen drängt, wie Sie teilhaben möchten am Fließen und Wirken der Natur. Sie ahnen, wie das Licht stärker und immer stärker wird, wie es Sie umfasst und miteinbezieht in das große Werden und Gestalten des Lebens.

Wie in der Natur die Felder bereit sind für die Saat, ist nun die Zeit für Sie gekommen, Ihre »Samen« der Erde anzuvertrauen: Ihre Gedanken, Ideen und Wünsche, sodass sie keimen, wachsen und gedeihen und durch die Kraft der Sonne zu vollem Leben erblühen. Schenken Sie der freudigen Unruhe in Ihrem Inneren Raum, damit sich Ihnen der Blick auf neues Land öffnet; damit Ihren Träumen Wirklichkeit verliehen wird und Sie verbunden werden mit der Natur und allem Sein.

Ritual für den Frühlingsbeginn

Stehen Sie an einem freien Tag noch vor Tau und Tag, kurz vor Sonnenaufgang, auf und gehen Sie hinaus zu Ihrem Lieblingsplatz, um dort die ersten Sonnenstrahlen und den Tag zu begrüßen. Nehmen Sie eine Decke oder eine Matte mit und meditieren Sie zehn bis zwanzig Minuten lang. Genießen Sie das Licht und nehmen Sie seine reine Energie für den ganzen Tag auf.

Bevor Sie sich auf den Weg zu Ihrer Morgenmeditation machen, können Sie sich notieren, was Sie für sich lösen oder beantwortet haben möchten. Genauso gut können Sie für liebe Menschen etwas wünschen – sofern Sie die Erlaubnis dazu haben und zweifellos wissen, dass es zu deren Wohl dient. Tun Sie ganz einfach das, was momentan wichtig ist. Fühlen Sie in sich hinein: Ihre innere Stimme wird Ihnen sagen, wohin Sie gehen sollen. Alles, was Sie konzentriert und gesammelt aufschreiben – Bitten oder Wünsche –, wird so nicht vergessen. Denn nichts, was an Gedanken entsteht und dann festgehalten wird, kann oder wird jemals vergehen oder umsonst sein.

Beobachten Sie Ihren Atem, während Sie ins erwachende Tageslicht blicken, und fühlen Sie, wie Sie von der Natur und der besonderen Energie dieser Jahreszeit des erneuerten Lichtes getragen werden. Reihen Sie sich voll Freude in das Rad des Lebens ein. Nehmen Sie im Geiste Kontakt mit Ihren Mitschwestern und Mondinnen auf. Spüren Sie die atmende Erde und fühlen Sie, wie Sie mit ihr und ihrer urweiblichen Energie verwurzelt sind.

Wenn Ihnen danach ist, lösen Sie sich aus der Meditation, falten Sie Ihre Hände vor der Brust und verneigen Sie sich vor der aufgegangenen Sonne. Danken Sie der Erde, der Luft und der Sonne für Ihre erneuerte Kraft und machen Sie sich wieder auf den Heimweg.

30. April/1. Mai: Beltane (Walpurgisnacht, Fest des Feuers)

Beltane hieß das keltisch-germanische Fest der voll und warm strahlenden Sonne, des Lebens und der Fruchtbarkeit, der Vereinigung und der Empfängnis, des Sieges der Sonne und des Sommers über den Winter. Der nun endgültig vergangene Winter ist fortgezogen und hat sich für viele Monate ins Dunkel der Nacht und der Zeit begeben. Das heißt nicht, dass nicht noch einige Tage mit kühlen Temperaturen an die Mai-Tür pochen werden, allerdings werden sich nur wenige trauen, dem Wonnemond weiterhin die Stirn zu bieten.

Beltane ist das Fest der Freude, der Genüsse, des Tanzes, der Liebe und Fruchtbarkeit, der großen, heiligen Hochzeit des Weiblichen mit dem Männlichen. Die männliche Kraft der Sonne verbindet sich mit der weiblichen der Erde. Die Natur duftet, singt und steht in voller Blüte. Das Leben ist zurückgekehrt. Es ist die Zeit der Frühlingsgefühle, der überschäumenden Lebenslust. Alles wächst, blüht und gedeiht, die Obstbäume bereiten sich darauf vor, im Sommer und Herbst reichhaltig Frucht zu tragen. Es ist eine magische Zeit: Die Tore zur anderen Welt sind weit geöffnet, die dunklen Kräfte formieren und verbünden sich, um gegen das Licht der Welt anzukämp-

fen – ein Kampf des Guten gegen das Böse. Aber das Gute wird siegen – es wird immer siegen.
In alten Zeiten entzündete man auf Bergkuppen und Anhöhen große Feuer, um das Licht in die Nacht zu tragen, und legte Ebereschenzweige aus, um sich vor Geistern, Hexen und schwarzer Magie zu schützen. Viele Walpurgis-Riten leben bis heute in bäuerlichen Maibräuchen fort. So schützte man seinen Hof durch nächtliches Peitschenknallen und ausgelegte Besen und Maiglöckchensträuße. Der Maibaum, meist eine Birke, galt als Fruchtbarkeitssymbol, das den Sommer einlud.

Maizauber

Im antiken Rom wurde Flora als Frühlingsgöttin verehrt. Ihr zu Ehren wurden vom 28. April bis zum 3. Mai rauschende Feste (Floralien) gefeiert. Der 1. Mai war in unseren Breiten der heiligen Walpurga, Schutzpatronin der Bäuerinnen und Mägde, geweiht. So entstand der Name »Walpurgisnacht«, die nach ältestem Brauch mit dem Sonnenuntergang des Vortages beginnt.
Von alters her bekannt ist die Zauberkraft des Maiwassers, das am ersten Maitag vor Sonnenaufgang geschöpft und sogleich getrunken werden muss, damit es seine heilsame Kraft nicht verliert. Ebenso verfahren können Sie mit dem Maitau, den Sie am frühen Morgen auf den Wiesen sam-

meln können: Streichen Sie ihn in ein weiches Tuch und gewinnen Sie daraus ein wunderbares Gesichtswasser, das Ihre Haut angenehm belebt. Mairegen soll ebenfalls besonders schön machen, die Haut verjüngen und das Haar füllig werden lassen: Fangen Sie deshalb im Wonnemond so viel Regen auf, wie Sie nur einsammeln können. Bewahren Sie das Maiwasser in gut verschlossenen Schraubflaschen auf, denn es gilt als besonders heilkräftig.

Wer am Morgen des 1. Mai barfuß über eine taufeuchte Wiese läuft, soll ein Jahr voller Glück und Schaffenskraft vor sich haben. Wenn Sie etwas Besonderes wagen möchten, legen Sie sich an einem geschützten Platz morgens unbekleidet auf eine taufeuchte Wiese und drehen und wälzen sich auf ihr. Das stärkt Ihre spirituelle Schutzhülle.

• • •

Rituale für den Aufbruch in eine neue Zeit

Das Maiglöckchen gilt als Frühlingsblume schlechthin. Sie ist nicht nur ein wunderschönes Symbol des Monats der Wonne und Liebe. Pflücken Sie sich am 1. Mai einen Maiglöckchenstrauß und stecken Sie ihn an Ihr Kleid, um ihn einen Tag lang zu tragen. So werden Sie – das will der Volksglaube – das ganze Jahr über viel Glück haben und die richtigen Entscheidungen treffen.

Suchen Sie am ersten Neumond-Tag im Mai mit Ihrem Maiglöckchenstrauß einen vertrauten Medita-

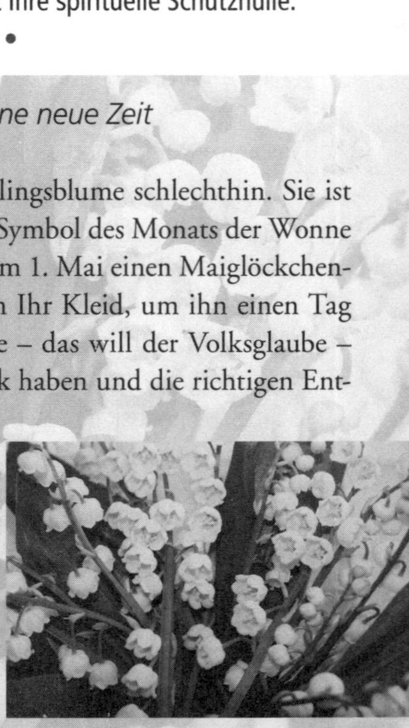

tionsplatz auf. Lassen Sie sich zu einer Meditation nieder und beginnen Sie, innere Zwiesprache mit der Mondgöttin zu halten. Bitten Sie sie, Sie zu erhören. So werden Sie Ihrer eigenen Göttin begegnen: sich selbst! Sie werden fühlen, wie Altes vom Neuen abgelöst wird und wie Ihnen aus geheimnisvollen Quellen neue Kräfte zufließen.

Notieren Sie in Ihrem spirituellen Tagebuch am Abend eines jeden Tages nach dieser Meditation Ihre Erlebnisse und Begegnungen mit sich selbst sowie Ihre guten Wünsche für sich selbst und die Natur um Sie herum. Ist der Mai zu Ende, spüren Sie bei der Tagebuch-Lektüre nach, was sich bei Ihnen in Ihrem Inneren geändert hat. Was hat Sie in diesem Monat am meisten beschäftigt? Was hat sich geändert? Welche Gefühle sind bei Ihnen derzeit besonders stark? Das kann Ihnen helfen, Ihren Weg noch genauer zu bestimmen. Nutzen Sie regelmäßig Zeiten für Ihre Meditation, um sich in der Natur mit der Muttergöttin zu verbinden und um ihren Schutz zu bitten. Sie wird Ihnen immer beistehen.

21. Juni: Sommersonnenwende (Mittsommer, Litha, Sommerweihnacht, Fest der Eichen)

Die Sommersonnenwende, der Höhepunkt des Jahres und der astronomische Sommerbeginn, liegen traditionell in der Mitte der sonnigsten Jahreszeit. Wir erleben somit den längsten Tag und die kürzeste Nacht des Jahres. Von nun an geht es mit der Sonne von Tag zu Tag mehr »bergab«: Nach dem 21. Juni werden die Tage allmählich wieder kürzer.

Zur Mittsommerzeit reifen die Früchte auf den Feldern, alles steht in üppiger Pracht, alles ist im Überfluss vorhanden. Es ist die Zeit der Erfüllung, das Leben wird in seiner ganzen Fülle und Kraft empfunden. Der Höchststand der Sonne wurde und wird noch heute mit brennenden Sonnenrädern gefeiert: Um die Kraft der Sonne zu symbolisieren, rollte man von Bergen und Hängen große Feuerräder hinab; auf Höhen, Hügeln und Bergkuppen entzündete man Feuer, die umtanzt und übersprungen wurden. Alles Gute soll das Feuer herbeiführen, aber das Unheil fortnehmen.

Die Sonnwende galt als eine Zeit, in der die Göttin und die Naturgeister den Menschen besonders nahe waren, in der es keinerlei Beschränkungen mehr zwischen den Welten gab. In der keltischen Tradition war der Mittsommer den Muttergottheiten geweiht, in der germanischen dem wunderschönen Götterjüngling Baldur, Sohn der Frigga, der Gemahlin des Sturm- und Totengottes Odin (Wotan).

Schon immer war die Sonnenwende von einem magischen Zauber, einer besonders positiven magischen Energie erfüllt, ebenso wie der Johannistag (24. Juni), der durch Kalenderverschiebungen nicht mehr identisch mit der Sommersonnenwende ist.

Beliebt war und ist zu diesem Zeitpunkt das Sammeln von Sonnwendkräutern, darunter Johanniskraut, Arnika, Christophskraut, Beifuß, Eisenkraut, Kamille, Holunderblüten, Schafgarbe, Gundelrebe, Bärlapp, Blutwurz, Ringelblume, Königskerze.

Ritual zur Kräftigung und Sammlung

In Kräutern ist die Sonnenenergie am höchsten; sie ist in den Pflanzen gespeichert und kann bei Bedarf heilsam auf Seele und Körper einwirken und abgegeben werden. Machen Sie sich das zunutze: Sammeln Sie mit Ihren Freundinnen die Kräuter, die Ihnen am besten gefallen, und bündeln Sie sie zu Sträußen.

Machen Sie sich dann auf den Weg zu Ihrem Ritual- und Meditationsort. (Tragen Sie bitte keine flatternde Kleidung, die leicht Feuer fangen könnte!) Errichten Sie hier aus großen Steinen eine Feuerstelle, die Sie problemlos überspringen können, und entzünden Sie ein Feuer. Um den Steinkreis der Feuerstelle herum legen Sie die Kräuterbüschel und Sträuße, sichtbare Symbole der Sonnenkraft.

Sind alle zum Feuersprung bereit, nimmt die Erste Anlauf und springt laut jubelnd mit einem großen Satz über die lodernden Flammen hinweg. Danach folgt die Zweite, dann erst die Dritte usw. Nach der ersten Runde folgt auf diese Weise eine zweite, schließlich eine dritte; jede Frau springt insgesamt drei Mal.

Konzentrieren Sie sich jeweils vor Ihrem Sprung auf einen Wunsch. Werfen Sie zugleich alles Belastende im übertragenen Sinn bei Ihrem Sprung in die Flammen, bekräftigen und bejahen Sie Ihre Stärke, Ihren Mut und Ihre Kraft.

Werfen Sie nun Ihre Kräutersträuße nach und nach ins lodernde Feuer und wiederholen Sie dabei Ihre Wünsche und Anliegen oder alle Gedanken, die Sie loslassen möchten: Das können zusammengerollte Zettel sein, auf denen Sie notiert haben, wovon Sie sich verabschieden möchten, oder Briefe ans Universum. Sie können auch die Namen von Menschen verbrennen, die Sie loslassen möchten und denen Sie im Loslassen und Verbrennen von ganzem Herzen vergeben.

Setzen Sie sich dann ans Feuer und blicken Sie in die Flammen. Stellen Sie sich die goldene Sonnenscheibe vor, wie sie aus dem Feuerkreis steigt und langsam nach oben schwebt, bis sie den Zenit am Nachthimmel erreicht hat.

Fühlen und empfinden Sie tief in Ihrer Mitte, dass Sie geborgen, beschützt, behütet sind und durchströmt von Ihrer eigenen Kraft. Spüren Sie, wie das Licht um Sie herum heller und heller wird und Ihren Körper zugleich wohlig durchdringt.

Nehmen Sie sich ein vom Feuer angebranntes Stück Holz oder ein wenig Sonnwendasche mit und bewahren Sie sie gut verschlossen auf Ihrem Altar in Ihrem geschützten Raum.

2. August: Lughnasadh (Kornfest, Schnitterfest, Mondfest, Fest der Fruchtbarkeit und Ernte)

Der Herbst beginnt mit Lughnasadh, der Zeit der Ernte und dem dritten der vier heiligen Kalenderfeste des keltischen Jahreskreises. Die Sonne hat den Zenit schon überschritten, jetzt fängt die dunkle und stille Zeit des Jahres an, in der die Nächte länger sind als die Tage.

In früheren Zeiten hielt man große Festlichkeiten ab, veranstaltete Pferderennen und Wettkämpfe und lud zu Musik und Tanz am Abend. Manche verlobten Paare vermählten sich an diesem Tag.

Die Festlichkeiten sind der Dank an die Natur für die noch ausstehende Ernte und die Gaben. Dabei wurden auch die ersten selbst gebackenen Brotlaibe geopfert. Man veranstaltete Prozessionen, zog durch Fluren und Felder und dankte für den reichen Segen, bangte aber auch, ob die Ernte glücken würde, um über den strengen Winter zu kommen. Nach der Ernte richtete man die Aufmerksamkeit auf den Herbst, den Winter, das nächste Frühjahr. Es kam die Zeit der Verinnerlichung, der Sammlung, in der die Samen für die Früchte gelegt wurden, die – auch im übertragenen Sinn – im nächsten Frühling wachsen und gedeihen sollten. Trotzdem kamen Freude und Geselligkeit nicht zu kurz. Man hatte wieder mehr Zeit für sich selbst und für seine Lieben. Jetzt wurden Kornpuppen aus den schönsten Kornähren gebastelt und mit bunten Bändern verziert.

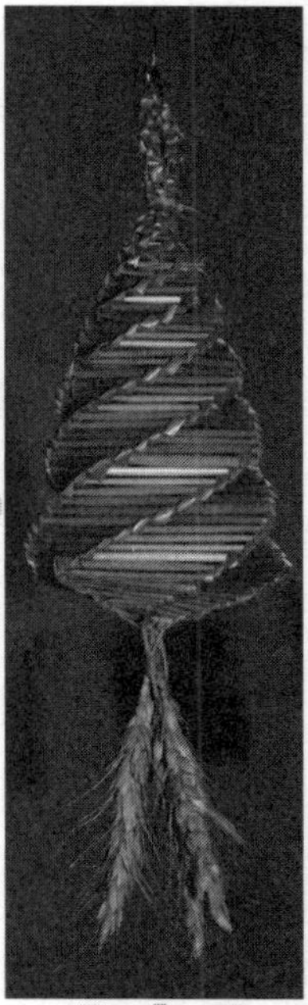

Ritual für den Herbst

Machen Sie einen Ausflug aufs Land und wandern Sie zu abgeernteten Kornfeldern. Sammeln Sie hier einige übrig gebliebene Ähren auf, schnüren Sie daraus ein kleines Bündel und nehmen Sie es als Abschiedsgruß des Sommers mit nach Hause. Legen Sie es zur Sonnwendasche und zu anderen persönlichen Schätzen. Diese Kleinodien verbinden Sie fest und innig mit der Natur.

Falls Sie Zeit und Muße haben, basteln Sie aus Ähren eine Kornpuppe (siehe oben) als Symbol für die weibliche Muttergöttin. Legen Sie sie ebenfalls auf Ihren Altar.

Schön ist um diese Zeit auch eine Baum-Meditation. Wählen

Sie bei einem Spaziergang einen Baum, der Ihnen besonders gut gefällt. Umkreisen Sie ihn, legen Sie Ihre Hände auf seine Rinde, seinen Stamm, seinen kräftigen Körper und nehmen Sie bewusst die Form und Gestalt des Baumes in sich auf. Verbinden Sie sich nun mit dem Baum und atmen Sie in Ihrem Rhythmus. Hören Sie in den Baum hinein, spüren Sie, wie er lebt und Ihnen Kraft schenkt, die aus seinen Wurzeln durch jede Faser seines Stammes bis in die Rinde und in Ihre Hände strömt. Versuchen Sie in Gedanken selbst zum Baum zu werden: mit Wurzeln, die tief unter die Erde ragen, und Ästen, die sich weit hinauf in den Himmel recken.

Lösen Sie sich, wenn Sie sich dazu bereit fühlen, von dem Baum und kehren Sie ins Jetzt und in sich selbst zurück. Sie werden sich wunderbar gestärkt fühlen. Bei Bedarf können Sie sich auf diese Weise immer wieder Kraft von Ihrem Baum holen.

23. September: Mabon (Herbst-Tagundnachtgleiche, Erntedank)

Mabon, ein Fest der neueren Naturreligion, gehört wie Mittsommer und Mittwinter zu den Sonnenfesten. Noch halten sich Tag und Nacht die Waage, die Felder sind leer, die Ernte ist eingebracht, Speicher, Scheunen und Keller sind bis obenhin gefüllt – jetzt kann der Winter kommen. Es ist ein etwas wehmütiges Abschiednehmen, ein letzter Gruß, bevor der dunkle Herbst mit seinen Stürmen und Nebeln der Natur das Leben aushaucht und wir für lange Zeit in die dunkle Jahreszeit eintauchen. Als Zeichen der Dankbarkeit, der Achtung und Liebe zur Natur und ihrem ewigen Werden und Vergehen feiert man das Fest des Dankes: Dankbarkeit für die Ernte. Ein üppiges Mahl wird aufgetischt für alle, die das ganze Feld- und Erntejahr über gearbeitet haben.

Nun gilt es, sich auf den Winter vorzubereiten. Der Herbst ist die Phase der Ernte, aber auch des Sterbens, des Vergehens in der Natur. Mit jedem Tag schwindet das Licht mehr und mehr; die Dunkelheit schafft sich Raum. Die Dämmerstunden laden zu Spaziergängen ein. Es beginnt die Zeit der Herrin der Jahreszeiten: Frau Holle (d.h.: die Strahlende), ursprünglich eine germanische Erd- und Himmelsgöttin, hat im Märchen bis heute überlebt. Als Hel wohnt sie im Inneren des Berges. Brunnen, Teiche und Quellen führen in ihre Welt hinab. Das Wasser aus ihren heiligen Quellen machte fruchtbar. Man erzählte sich, die Sonne beginne zu strahlen, sobald sie ihr goldenes Haar kämmt; der Nebel komme, wenn sie kocht; es regne, wenn sie wäscht; es schneie, sobald sie ihre Betten ausschüttelt. Als Herrin der Spinnerinnen konnte sie sehr »hold« und großzügig sein, sofern die Mädchen fleißig arbeiteten. Wer ihre Gebote missachtete, musste damit zurechtkommen, dass Frau Holle auch sehr »unhold« werden konnte. Im Märchen, in dem die Initiation junger Mädchen beschrieben ist, wird das sehr deutlich: Sie gelangen durch den Jahreszeitenzyklus zur weisen Alten und werden von ihr in den Dienst genommen.

Ein alter Brauch, um Frau Holle zur Herbst-Tagundnachtgleiche einzuladen: Stellen Sie abends für die Göttin weiße Speisen auf Ihren Esstisch, zum Beispiel eine Schale Milch oder Joghurt. Während Sie die Schale aufstellen und mit ein paar Herbstblättern schmücken, bitten Sie im Stillen um den Beistand der Göttin.

Ritual zum Abschiednehmen

Wunderschön ist dieses Gebe-Ritual: Kaufen Sie etwas oder stellen Sie etwas Kostbares her, das Sie schon lange haben wollten. Freuen Sie sich über diesen Schatz, nehmen Sie ihn in Ihre Hände, bewundern Sie ihn und umfangen Sie ihn mit Ihrer gesamten Herzensenergie.

Überlegen Sie sich nun, wen Sie so gerne haben, dass Sie diesen Menschen mit dem Schatz beschenken möchten. Laden Sie diesen lieben Menschen zu sich ein, essen und trinken Sie gemeinsam und überreichen Sie anschließend Ihren Schatz. Mit diesem Ritual legen Sie einen Samen, der nach kurzer Zeit große und vor allem reichlich Früchte bescheren wird. Denn wer etwas loslässt, das er sehr liebt, kann auch wieder etwas von ähnlicher Energie empfangen.

Genießen Sie Ihre Herbstspaziergänge aus vollen Zügen. Waten Sie durch die Blätterteppiche auf dem Waldboden und freuen Sie sich an dem fröhlichen Rascheln der abgefallenen Baumkleider. Atmen Sie die frische Herbstluft mit ihren vielfältigen Aromen und berauschenden Düften ein. Es wird nicht lange dauern und Sie stimmen sich auf das langsame Versinken des Lichtes ein, den nur für Sie hörbaren Abschiedsruf, mit dem sich die helle Jahreszeit von Ihnen verabschiedet, um dem nahenden Winter Raum zu geben.

Sammeln Sie schöne Blätter auf Ihrem Weg und stecken Sie

sie zu einem Mabon-Fächer zusammen, den Sie zu Hause an Ihren spirituellen Platz legen. Er wird Sie bei jedem Anblick an den sich auf dem Rückzug befindenden Sommer und seine wunderbaren, lichterfüllten Tage erinnern.

1. November: Samhain (Allerheiligen, Fest der Toten und der Anderswelt, Mondfest)

Samhain ist das Fest des Spätherbstes und das Fest der Toten, denen man nun die Ehre erweist. Im Kalender der Alten war Samhain der Jahresanfang, der Beginn der großen Finsternis und auch der Neujahrstag des Mondjahres. Wie ein Schleier hüllt wabernder Nebel alles ein, die Natur zieht sich in sich selbst zurück. Alles wird ruhig, wir können unseren Gedanken nachhängen, uns besinnen und uns von den Novembernebeln einhüllen lassen. »Nebelmonat« nannten die Alten die Jahreszeit, bevor die Römer den »neunten Monat« (lat. novem, d.h. neun) einführten.
In dieser geheimnisvollen Nacht des 1. November sind die Tore zur Anderswelt weit offen, die äußere Welt tritt in den Hintergrund, die große Muttergöttin mit all ihren Elfen, Devas, Zwergen und Helfern ist bereit, uns zu empfangen und anzuhören. Die Seelen der Anderswelt, unsere weisen Vorfahren, suchen unsere Welt auf. Sie sind bereit, uns beizustehen, sie ermöglichen es uns, sowohl in die Vergangenheit als auch in die Zukunft zu blicken. Für die Seelen der Anderswelt

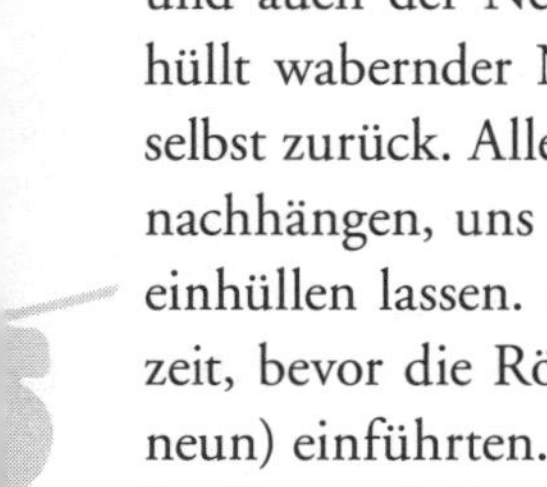

ist die Tafel bereitet, Speis und Trank warten auf sie, während wir uns auf ihre Gaben freuen.
Um die Geschöpfe der Anderswelt in Schach zu halten, höhlte man früher Kürbisse aus, in denen brennende Kerzen die bösen Geister abschrecken sollten. Jetzt, zu Beginn der dunklen Jahreszeit, haben wir die Chance, besonders eindringlich nachzudenken: über uns und unseren spirituellen Weg, über das Leben und den ewigen Kreislauf von Werden und Vergehen. Dazu gehört auch die Versöhnung mit dem Sterben und dem Tod, der Teil unseres Lebens ist.
Eine machtvolle keltische Göttin des Todes, der Wiedergeburt, der Astrologie, Magie und Kräuterweisheit ist die in Wales und Cornwall verehrte Ceridween. In ihrem Kessel brodelt die Ursuppe. Beim Rühren entstehen unentwegt neue Gedanken. Der Kessel steht im übertragenen Sinn für den Bauch dieser Göttin, aus dem alles Leben kommt. Ein Trank daraus, so hieß es, soll Leib und Seele heilen. Ceridween stellt uns immer wieder vor neue Aufgaben, bei deren Lösung wir wachsen und reifen. Sie stößt insbesondere jetzt am Tor zur Winterzeit Erkenntnisprozesse an. Wenn wir etwas Neues zum Leben bringen möchten, stirbt dafür etwas anderes. Das ist manchmal sehr schwer und kann bei der einen oder anderen das Gefühl der Auflösung herbeiführen. Doch diese Auflösung birgt eine große Chance. Wenn wir uns mit Ceridween verbinden, gibt sie die zersplitterten Teile unserer Seele in den Kessel, die hier zu einem neuen Ganzen zusammengesetzt werden. So finden wir uns am Ende dieses Weges gereifter und näher bei uns selbst.

Jetzt ist die beste Zeit, sich mit den Geistern aus der Vergangenheit, den guten Toten, zu verbinden. Suchen Sie sich dazu Bilder und Fotografien von Menschen, die bereits die Erde verlassen haben, deren Geist jedoch immer noch präsent ist. Es verbindet Sie so viel mit diesen Toten. Stellen Sie die Bilder vor sich auf, am besten an Ihrem üblichen Meditationsplatz. Schmücken Sie den Platz mit Blumen, Zweigen oder schönen Fundstücken von Ihren Spaziergängen und stellen Sie eine brennende Kerze dazu.

Setzen Sie sich nun an einen ruhigen Platz und versenken Sie sich in den Anblick der Bilder. Verweilen Sie bei jedem Bild für einen Moment, atmen Sie in Ihrem Rhythmus und verbinden Sie sich mit Ihren Ahnen. Danken Sie ihnen für ihren Schutz und alles Gute, das sie Ihnen mitgegeben haben. So heilen auch alte Verletzungen, die Ihnen vielleicht zu schaffen machen. Lassen Sie in sich das Gefühl des Dankes groß und warm werden und fühlen Sie, wie der Schutz Ihrer Ahnen Sie wie eine lichte Hülle umgibt.

Nehmen Sie alle Gedanken und Gefühle auf, die während dieser Meditation in Ihnen entstehen. Später können Sie sie in Ihrem spirituellen Tagebuch aufzeichnen.

Versenken Sie sich zum Abschluss in das Licht der Kerze. Werden Sie selbst zum Licht und empfinden Sie, wie die Flamme in Ihnen wächst und wächst. Wenn die Zeit gekommen ist, verlassen Sie den Platz und stellen die Bilder Ihrer Ahnen auf Ihren Altar oder auf einen anderen Lieblingsplatz, auf den immer wieder Ihr Blick fällt.

21. Dezember: Wintersonnenwende (Mittwinter, Jul, Wiedergeburt der Sonne)

In der längsten und dunkelsten Nacht des Jahres feiern wir die Rückkehr des Lichts, die Geburt des Sonnengottes, die Wiedergeburt der Hoffnung und der Zuversicht. Dieser Tag ist ein Wendepunkt, denn das Licht hat über die Nacht triumphiert, auch wenn es sich noch nicht richtig zeigt; morgens beim späten Sonnenaufgang können wir jedoch täglich eine andere Farbschattierung der Morgenröte bewundern. In den kommenden zwölf Tagen wird jede Lichtstunde um eine Minute länger. Die Zeit scheint stillzustehen. Es ist die geschenkte Zeit zwischen den Jahren. Ein Jahres- und Lebenskreislauf neigt sich dem Ende zu.

In der Phase der Stille verbindet uns das Licht der Kerzen. Es bringt Licht in unser Heim, erhellt selbst die dunkelsten Ecken, um damit dem Winter anzuzeigen, dass seine Herrschaft bald zu Ende geht. Wir setzen uns zusammen, spielen, singen und schweigen. Wir basteln Sonnen aus Stroh, Weihnachtssterne, Lichträder. Wir wissen und fühlen, dass wir vor einem Neubeginn stehen.

»Modraniht«, die Nacht der Mütter, so heißt die geweihte Nacht, die von der Kirche etwa um 1170 zur Weihnacht umgewidmet und mit christlichem Inhalt besetzt wurde. Die »Mütter« wurden die Zyklusgöttinnen genannt, die den Tod in Leben, die Finsternis in Licht, die Nacht in den Tag und den Winter in Frühling verwandelten. Überall in Mitteleuropa pflegten sie in der Nacht der Wintersonnenwende, aber auch in den darauf folgenden Nächten, den Raunächten, in den Häu-

sern der Menschen Einkehr zu halten. Dazu deckten ihnen die Frauen in früherer Zeit den Tisch mit Speise und Trank und drei Messern, damit sich die »drei Schwestern« oder die »drei Jungfrauen« ebenso wie die alpenländische Percht, die Befana oder Epiphania des Südens und die Holla der nördlichen Regionen Deutschlands, erquicken konnten.
Die »heilige Nacht der Mütter« wurde im keltisch-germanischen Kulturraum noch im 8. Jahrhundert im Gedenken an diese alten Tod-im-Leben-Göttinnen begangen. Sie symbolisierten das Dunkel der Nacht ebenso wie das Licht des Tages, den Tod wie das Leben. In den »heiligen Nächten«, die mit der Wintersonnenwende begannen, zeigten sie vor allem ihre dunkle, wilde, auch aggressive Seite. Die Jagd der Göttin Perchta, die mit ihrem Tross wilder Reiter durch den Himmel galoppiert, bringt eisigen Wind und Schnee. Diese Göttin des Übergangs vom Alten zum Neuen erscheint in den zwölf heiligen Nächten. Perchta ist auch die Göttin der Spinnerinnen. Dabei ist das Spinnrad das Symbol für das sich beständig drehende Jahresrad. In der Zeit zwischen den Jahren ist es allerdings verboten, zu spinnen, zu putzen, zu waschen oder zu arbeiten. Wer sich nicht daran hält, verwirrt die Perchta. Dann richtet sie Schaden an, Geräte funktionieren nicht oder Sachen gehen kaputt. Auf diese Weise zwingt uns Perchta zum Stillstand und zum Innehalten. In ihrem Namen werden heute in den Alpen noch viele Rituale gefeiert, vor allem in ihrem »Garten«, dem Ort Berchtesgaden. Am 6. Januar, dem späteren Dreikönigstag, dreht sich das Jahresrad wieder. Perchta begrüßt die vier Himmelsrichtungen, die vier Elemente und die vier Jahreszeiten und beginnt ihren segnenden Tanz. Jetzt erscheint sie in ihrer lichten, Wärme und

neues Leben verheißenden, verjüngten Gestalt. Diese beiden Aspekte hat am deutlichsten die abendländische Percht bewahrt, mit ihren typischen Doppelmasken, die bis heute gleichzeitig die Sonne und den Teufel verkörpern. Am »Erscheinungstag« kommt Perchta dann als die Strahlende und Leuchtende, als Epiphania oder Befana zu uns.

Rituale für die neue Zeit

Verabreden Sie sich mit Ihren Freundinnen in der frühen Morgendämmerung draußen auf Ihrem Meditationsplatz, an einem rasch fließenden Fluss, auf einem freien Hügel, einer Anhöhe oder Bergkuppe oder auf einer Waldlichtung. Sammeln Sie Misteln und immergrüne Efeuzweige. Diese Pflanze gilt als Himmelsleiter, die den Himmel mit der Erde verbindet. Ein wunderbarer Winter-Sonnenaufgang wird Sie hundertfach fürs frühe Aufstehen belohnen.

Wenden Sie sich während des allmählichen Aufstiegs der Sonne – *Ihrer* Sonne – in alle vier Himmelsrichtungen und begrüßen Sie die Welt – *Ihre* Welt.

Beobachten Sie freudig die Natur, lauschen Sie dem Raunen der Bäume, dem Zischeln des Windes. Während langsam die Dunkelheit weicht, die Farben sich ändern und der Tag sich von der Nacht zu verabschieden beginnt, werden Sie sich auf einmal völlig geborgen fühlen und eins mit der Natur sein. Von Atemzug zu Atemzug verbinden Sie sich mit der Kraft, die Ihnen schon auf Ihrem Weg zukommt.

Legen Sie Ihre Zweige in die Mitte des Platzes, um den Sie sich versammeln. Wenn Sie zu mehreren sind, stellen Sie sich auf

Ihrem Meditationsplatz im Kreis auf und fassen einander an den Händen.

Die Ritualmeisterin spricht: »Lasst uns die Kräfte in uns und um uns herum spüren. Alles ist Teil von mir und von dir, der Muttergöttin. Ich bin hässlich, ich bin wild, ich bin grausam und hart. Ich bin schön, ich bin gut, ich schütze alles um mich herum und mich selbst. Ich bin das Licht und die Helligkeit. Lasst uns die Herzen öffnen für den neuen Lauf des Jahresrads.«

Das folgende Ritual können Sie allein in Ihrem geschützten Raum durchführen. Ideal ist der Vorabend des Epiphania-Tages:

Stellen Sie vor Ihrem Meditationsplatz eine Kerze auf. Betrachten Sie das Licht in Ruhe und atmen Sie mit jedem Atemzug Lichtenergie ein und wieder aus.

Während Sie die Flamme betrachten, denken Sie an das Licht, die Flamme, die Helligkeit, die Tag für Tag die Dunkelheit besiegt. Setzen Sie die Flamme in Beziehung zur Ihrem Herzen, zu Ihren Gefühlen, zu Ihrer Kraft, die Ihnen hilft, sich voll und ganz einer Sache hinzugeben. Stellen Sie sich vor, Sie sind die Flamme, Sie sind das Licht.

Wenn es an der Zeit ist, lösen Sie die Sitzung auf.

Einswerden mit der Natur

Für unsere Vorfahrinnen und Ahninnen war die Mutter Erde immer ein lebendes, wachsendes, fruchtbares Wesen, weil sie allen Dingen Leben spendet. Einst legten sich die Frauen auf die Erde, weil ihnen diese Nähe Kraft und Zuversicht gab. Oder sie legten ihre neugeborenen Kinder auf den Boden, um Mutter Erde für das Geschenk des Lebens zu danken.

Schien das Licht des vollen Mondes auf die Erde, warf man die Kleider ab und badete sich im hellen Silberschauer des Mondes. Das erneuerte die Kräfte und galt als Jungbrunnen, der zögerlich fließende Energie wieder in Bewegung setzte und zum Strömen brachte. Unsere Ahninnen wussten, dass sie nur überleben und leben konnten, wenn sie mit der Schöpfung, der Natur, fühlten und handelten, im Raum wie in der Zeit.

Verbinden Sie sich selbst mit den überall waltenden Naturkräften und lassen Sie sich auf den Anblick eines nächtlichen Sternenhimmels ein, den Anblick der Millionen von Lichtjahren entfernten Galaxien, Spiralnebel, Fixsterne, Kometen, großen und kleinen Himmelskörper, beleuchteten oder dunklen Monde. Über Ihnen und um Sie herum wölbt sich ein gewaltiger Raum, eine Unendlichkeit, in die wir zum Teil hineinsehen können, die für uns aber niemals erfassbar sein wird. Bedenken Sie, dass wir alle ein Teil dieser Unendlichkeit sind. Was auf unserer Erde und um sie herum geschieht, ist den Kräften der Natur unterworfen. Natürliche Kreisläufe wie Jahreszeiten, Nacht und Tag, Geburt, Wachstum und Tod beeinflussen unser Leben wie das der Tiere und Pflanzen. Selbst auf Steine und Minerale wirken die Bewegung der Erde, das Strömen der Flüsse und Bäche und die Temperaturwechsel der Jahreszeiten ein.

Spirituelle Wanderungen

Nehmen Sie sich Zeit für sich, besinnen Sie sich auf unsere Welt und die Erde, unsere Heimat. Machen Sie sich auf in den Wald, den Zufluchtsort unserer weisen Ahninnen, und spazieren Sie ein kleines Gewässer entlang. Verweilen Sie meditierend, tief ein- und ausatmend an einem Waldteich oder einer plätschernden, glucksenden Quelle. Lassen Sie sich von der Sonne bestrahlen.

Senden Sie seelische Energien in die Natur, lassen Sie sie einfließen in die Lüfte, die Wolken, die Sonne, die Bäume, das Wasser, in Pflanzen und Tiere. Genießen Sie die Berührung Ihrer Haut mit Luft und Licht.

Sofern es die Temperaturen zulassen, wandern Sie barfuß über eine Wiese oder durch einen Bach. Beim Gehen mit nackten Füßen werden Sie schon nach wenigen Schritten entzückt sein über die vielfältigen Wahrnehmungen und Empfindungen, die über Sie hereinstürzen.

Mit allen Sinnen spüren

Unsere Sinne sind die Schlüssel zu unserer Welt. Wandern Sie daher mit offenen Sinnen durch Ihre Welt. Schnuppern Sie an Kräutern und Blumen, an Bäumen, an der Erde, riechen Sie das Wasser, das Moos, die Steine. Verbinden Sie den Duft einer Pflanze oder einer Blüte mit der Betrachtung und optischen Aufnahme durch Ihre Augen. Die Düfte, Aromen und Witterungen versenken sich tief in Ihr Gedächtnis, schärfen Ihre Sinne und können so immer wieder von Ihnen abgerufen werden.
Wir alle wissen, dass Licht anregt, erheitert, belebt und die Lebenskräfte aufrichtet und steigert. Das zeigt sich in der dunklen Jahreszeit, wenn die Tage kürzer, grauer und trüber sind und unseren Elan und Schwung sichtlich dämpfen. Und wie gelöst und fröhlich werden wir, wenn im Frühjahr die Sonne höher steigt und es immer heller wird.

Morgenröte-Meditation

Das erste Anzeichen des beginnenden Tages zeigt sich an der leichten Rötung des östlichen Horizontes. Die von der Sonne ausgesandten roten Strahlen regen das Leben, das Gemüt und das Herz an. Sprachforscher haben nachgewiesen, dass der Ausdruck für »Rot« lange vor »Blau« gefunden wurde.
Für die Griechen und die Römer war das Morgenrot ein universelles Symbol für Hoffnung, Erleuchtung, Freude. Bei den Griechen hieß die Göttin der Morgenröte Eos, sie war die Schwester von Helios (Sonne) und Selene (Mond). Eos kündigte jeden

Morgen den kommenden Tag an, indem sie mit ihrem Wagen im Osten aus dem Ozean auftauchte. Die römische Göttin der Morgenröte ist Aurora, die Schwester des Sonnengottes Sol und der Mondgöttin Luna.

Erleben Sie die Geburt des Lichtes am frühen Morgen in stiller Harmonie, mit anderen Mondinnen oder Freunden zusammen auf einem Berg, in einem Park oder am Weichbild Ihrer Stadt oder Ihres Ortes, wo Sie leben, oder ganz für sich allein.

Begrüßen Sie die Sonne, lassen Sie sich von ihren rötlichen Lichtpfeilen treffen und liebkosen; lassen Sie vom Morgenrot Ihre Seele von aller Erdenschwere befreien.

Es ist hilfreich und beglückend, wenn Sie bei der Erwartung des Morgenrots tief einatmen und beim Ausatmen einen Buchstaben langsam und leise vibrierend aussprechen. Sie können dabei auch das Morgenrot in sich visualisieren und aufnehmen. Ihr ganzer Körper sollte bei dieser Meditation mitschwingen.

Sie beenden die Meditation, wenn die Sonne bei ihrem Aufstieg die Horizontlinie passiert hat.

Die Bäume der großen Göttin

Die wichtigsten Bäume und Sträucher der großen Göttin sind Eiche, Weide, Haselnuss, Buche, Holunder, Wacholder und Linde, Rotdorn, Eukalyptus, Lärche, Granatapfel, Muskatnuss und Melonenbaum. Die Eiche und die Weide gehören zu den beliebtesten Meditationsbäumen.

Märchenhafte Haselnuss

Der Haselnussstrauch spielt eine bedeutende Rolle in der volkstümlichen Magie und in Volksbräuchen. Seine elastischen und biegsamen Äste werden seit Jahrhunderten als Wünschelruten verwendet. Mit ihnen suchten Rutengänger in Asien und Europa nach Wasseradern und positiven oder negativen Energiefeldern. Die Volkssage, dass am Haselnussstrauch silberne Schlüssel hängen, mit denen man Schatztruhen öffnen kann, ist eine schöne Umschreibung des alten Brauchs.

Die stärkste Wirkung hatten die Zweige, die zur Sommersonnenwende oder am Dreikönigstag geschnitten wurden. Die keltischen Druidinnen hatten den Haselstrauch in ihr Baumalphabet aufgenommen und ihm die Nummer 9 gegeben und »Coll« genannt: Der weißen Göttin, deren Dienst neun Priesterinnen ausführten, war der Strauch geweiht. Auch der Haselnussstrauch selbst ist mit der Zahl Neun verbunden. Er trägt erst im neunten Jahr Früchte.

• • •

Die Baum-Meditation

Unsere Ahnen verehrten manche Bäume als heilig, weil in ihrem Gezweig ihre Ahnen wohnten und schlummerten und weil sie stark und kräftig waren. Sie galten auch als mächtige Symbole des Lebens, im Sommer grün, im Winter blattlos und trostlos anzusehen – Sinnbild des ewigen Kreislaufs vom Leben, das den Tod besiegt. Der Baum war das Vorbild für den Bau des Hauses, schützt er doch vor Regen und Sonne, vor Unwettern und Stürmen.

Sicher finden Sie unter den vorgenannten Bäumen einen, der Ihnen ganz besonders zusagt, sei es im Wald, in einem Park oder in einem botanischen Garten. Wichtig ist, dass der Baum alleine steht und um ihn herum genügend Platz vorhanden ist, um ihn frei umschreiten oder umtanzen zu können.

Die Suche nach Ihrem Baum wird Ihnen nicht schwerfallen, denn Sie wissen, was Sie wollen; Sie haben visualisiert, was Ihnen Ihr Baum vermitteln und geben soll.

Wählen Sie einen schönen Frühlings-, Sommer- oder Herbsttag, wenn das Licht nicht zu grell ist und die Bäume schon etwas Schatten werfen.

Ein Rezept aus uralten Zeiten: Wenn die Bäume Schatten werfen, wird man manchmal ihrer Seele, der Baumseele, ansichtig. So kann es geschehen, dass der Baum sich Sie aussucht und Sie dadurch einen lebenslangen Freund gewinnen.

Sobald Sie überzeugt sind, dass Sie und Ihr Baum eine wertvolle Symbiose eingehen können, lehnen Sie sich mit dem Rücken an seinen Stamm, ganz leicht und locker. Schließen Sie die Augen und lassen Sie seine Aura in Sie einfließen.

Gehen Sie in den Baum hinein, lassen Sie sich viel Zeit dabei. Atmen Sie ruhig und regelmäßig ein und aus.

Stellen Sie sich vor, wie Ihre Arme zu mächtigen Ästen werden und sich weit ausbreiten, wie Ihr Körper zum Stamm wird und fest in der Erde verankert ist. Spüren Sie den Wind, der Sie liebevoll umfängt und umkost, lassen Sie Ihre Blätter rascheln und verbinden Sie sich im »Baumgeiste« mit den benachbarten Bäumen und Sträuchern. Fließen Sie in den Geist des Baumes, der anderen Bäume und empfinden Sie das Pulsieren des großen Herzens der Erde, der Mutter Natur.

Sie lösen sich aus der Meditation, wenn Sie das Gefühl haben, ganz von der Energie und dem Wispern der Natur durchdrungen und in Harmonie mit allem zu sein. Sie werden erstaunt und erfreut feststellen, wie sehr Sie auf einmal von Gelassenheit, Ruhe und tiefem inneren Frieden erfüllt sind.

Frauenkräuter und magische Pflanzen

Die Wunderkräfte der Natur sind unerschöpflich. Das gilt insbesondere für die unzähligen Heilpflanzen und Kräuter. Unsere Ahninnen, »Kräuterweiber« und weise Frauen wussten, dass in vielen Pflanzen geheimnisvolle Kräfte wohnen, die Krankheiten heilen, Beschwerden lindern und Kraft und Seelenfrieden spenden können. Ihre Anwendung beruhte auf Überlieferung von Frau zu Frau, auf Erfahrung und Beobachtung. Zwischen Frauen und Kräutern besteht seit Jahrtausenden ein vertrautes Band. Viele Kräuter haben einen engen Bezug zum weiblichen Körper. Die Welt der germanischen und keltischen Frauen war, wie wir durch archäologische Funde und biochemische Analysen wissen, untrennbar mit der Natur verbunden. Die Welt der Germaninnen und Keltinnen waren der Wald, die Felder und Wiesen um ihre Behausungen herum. Hier fanden sie die Quelle für alles, was der Mensch zum Leben brauchte. Kleidung wurde aus Flachs, Leinen, Nessel und Wolle sowie Leder hergestellt; die Baustoffe für ihre Behausungen bestanden aus Holz, Stein und Binsen. Die Nahrung der Frauen war vielseitig. War den Männern das Jagdglück hold, gab es Fleisch oder Fisch. In den späteren Ackerbauertraditionen gab es dann Brei und Brote aus Emmer, Dinkel, Hirse, Saubohnen, Erbsen, Linsen, Löwenzahn, Brennnesseln, Rüben, Kraut, Rettich, Lauch, Sellerie, Zwiebeln und Wildkräutern. In der warmen Jahreszeit bereicherten Früchten wie Äpfel und Waldbeeren, später im Herbst Haselnüsse, Walnüsse und Hollerbeeren den Speisezet-

tel. Honig war das einzige natürliche Süßungsmittel und zudem ein hoch geschätztes Heilmittel.
Mit der Kraft der alten Pflanzen, die schon unsere Ahninnen in den Wäldern kannten, können wir heute (auch begleitend zur ärztlichen Therapie) die Selbstheilungskräfte anregen. Die wichtigsten Frauenkräuter und -pflanzen sind folgende:

◁ Brennnessel
(Dunnernettel, Eßle, Sengnettel)
Es gibt wohl kaum ein besseres Mittel zur Blutreinigung. Auch für Frauen mit wiederkehrenden Zyklusproblemen ist ein Brennnesseltee als Heilmittel sehr zu empfehlen. Als Tee reinigt die Pflanze Nieren und Blase. Sie wirkt allen Entzündungen entgegen und weckt das Hirn. Als Spinat dient die Brennnessel als wertvolle Nahrung und enthält außerdem Vitamin C und sogar Glückshormone (Serotonine).

• **Brennnesseltee**
2 Teelöffel des fein geschnittenen Krautes reichen für 1 Tasse Wasser; 2–3 Tassen am Tag ungesüßt oder mit Honig trinken. Verwendet werden die Blätter, Stängel und Samen.

Eisenkraut ▷
(Josefskraut, Weinespenkraut, Ysop)
Reinigt das Blut, verdünnt es, lindert Menstruationsbeschwerden und Probleme in den

Wechseljahren. Es wirkt harntreibend, regt die Milchsekretion bei stillenden Müttern an, löst Krämpfe, wirkt kräftigend und vitalisierend. Verwendet wird die ganze blühende Pflanze.

Frauenmantel ▷
(Herbstmantel, Liebfrauenmantel, Marienkraut)
Schon bei den Germanen war sie eine besonders geschätzte Heilpflanze. Ihr wird nachgesagt, die Frauenpflanze schlechthin zu sein. Frauenmantel ist ein vorzügliches Wundkraut, wirkt heilend bei vielen Frauenleiden, Ausfluss, Unterleibsschmerzen, Wechseljahresbeschwerden. Er beugt vor bei übermäßiger, schmerzhafter oder häufiger Menstruation und wirkt als zusammenziehendes Mittel bei stärkeren Blutungen sowie bei Durchfall. Verwendet werden die Blätter der blühenden Pflanze.

- **Frauenmantel-Tee**

1 Esslöffel frisches oder getrocknetes Frauenmantelkraut mit einem Viertelliter kochendem Wasser überbrühen. 5–10 Minuten ziehen lassen und ohne Zucker schluckweise trinken. Bei Bedarf können Sie 1–2 Tassen täglich zu sich nehmen.

- **Frauenmantel-Sitzbad**

Mischen Sie Frauenmantelkraut zu gleichen Teilen mit Eichenrinde, Zinnkraut und Haferstroh. Geben Sie die Mischung in einen Einwegteebeutel und legen Sie sie in 5 Liter heißes Wasser. 5–10 Minuten ziehen lassen. Das Sitzbad können Sie nach Bedarf 2- bis 3-mal täglich für jeweils 15 Minuten durchführen. Empfehlenswert auch bei Ausfluss.

◁ *Gänsefingerkraut*

(Anserine, Gänserich, Silberkraut)

Eine vielseitig verwendbare Heilpflanze, für die Blutreinigung, Rheumatismus, Gicht und Zuckerkrankheit. Bei zu starker Periode ist ein Gänsefingerkrauttee ein wohltuendes Heilmittel. Verwendet werden die Blätter, die blühende Pflanze und die Wurzel.

Granatapfel ▷

Diese wertvolle Frucht ist Lebensapfel schlechthin, ei Heiler des aus der Balance geratenen Körpers, Regulator des Zellwachstums. Verwendet werden die süß schmeckenden Kerne im Inneren des Granatapfels.

◁ *Hirtentäschel*

(Herzelkraut, Löffeldieb, Schneiderbeutel)

Ein sehr gutes Blutstillmittel, harntreibend, mit guter Heilwirkung bei übermäßigen Regelblutungen; es fördert die Menstruation, hilft aber auch vorbeugend gegen zu starke, zu häufige und zu lange Menstruationsblutungen.

• **Hirtentäscheltee**

Überbrühen Sie 1–2 Teelöffel Hirtentäschel mit 250 Milliliter kochendem Wasser und lassen Sie den Tee 5 Minuten ziehen. Bei zu starker Regel sollten Sie zum Vorbeugen etwa acht Tage vor Eintreten der Regel 1–2 Tassen tagsüber schluckweise trinken. Sind die Blutungen zu stark, nehmen Sie jede Stunde 1 Esslöffel Tee zu sich. Hirtentäschel kann auch mit anderen Kräutern gemischt werden, sofern sich deren Heilkräfte sinnvoll ergänzen. Verwendet wird das blühende Kraut.

Holunder ▷

Die Göttin Frau Holle sorgt für Nahrung, Heilung und Freude. Mit ihren Blüten macht sie uns munter, mit dem Saft aus ihren Beeren heilt sie uns von Fieber und Entzündungen und lehrt den Körper die Selbstheilung.

◁ *Kamille*

(Apfelkraut, Hermelin, Mutterkraut)

Wohl eine der beliebtesten Heilpflanzen. Ihre Blüten werden unter anderem erfolgreich eingesetzt bei Menstruationsbeschwerden (Schmerzen und Krämpfen), Unruhe, Reizbarkeit, Schlafstörungen, Zahnbeschwerden.

Kohl

Er gehört zu den wertvollsten und vielseitigsten Nahrungsmitteln. Mit Kohlsuppe, Weißkraut, Rotkraut und vor allem Sauerkraut führt man sich alle Vitamine zu, die man braucht. Kohl in allen Varianten bringt uns sicher durch den Winter, sorgt für gute Verdauung, heilt Entzündungen und schmerzende Gelenke. ▷

◁ *Liebstöckel*

(Badkraut, Gebärmutterkraut, Maggikraut, Nervenkraut)

Das Liebstöckelkraut ist ein gutes Frauenmittel zur Förderung einer schwachen Regelblutung. Es stärkt den Stoffwechsel, die Harnorgane und das Herz. Die Abkochung der Wurzel ist ein guter Badezusatz zur Stärkung der Unterleibsorgane. Verwendet werden die Wurzeln, Blätter und jungen Stängel.

Löwenzahn ▷

(Butterblume, Märzenblume, Sonnenwurzel)

Der Löwenzahn ist reich an Heil- und Aufbaustoffen. Die Wurzel hat eine auflösende, erfrischende, reinigende, schweißtreibende und stärkende Kraft, sie beeinflusst alle Körperausscheidungen, behebt Stockungen, Ablagerungen und Verschleimungen; sie wirkt schmerzlos harntreibend, entfernt die ermüdenden Giftstoffe aus dem Körper und wirkt belebend und kräftigend. Verwendet werden die Blätter, Blüten und Wurzeln.

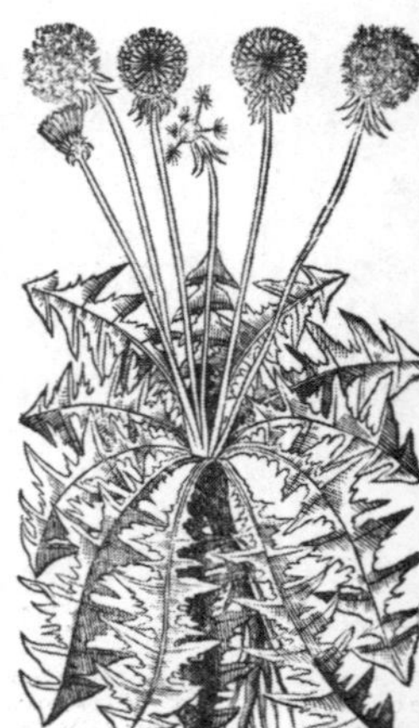

Magische Kräuter

Pflanzliche Arzneien und Kräuter sind *nicht* garantiert frei von Nebenwirkungen. Manche haben neben ihrer heilenden auch eine »dunkle« Seite, welche die heilkundigen Frauen in früherer Zeit nutzten, um sich beispielsweise in Trance zu versetzen. Die meisten der sogenannten »Hexenpflanzen« gehören zur Familie der Nachtschattengewächse. Sie enthalten Alkaloide, Skopolamin oder Atropin und besitzen dadurch eine halluzinogene Wirkung, rufen erotische Träume oder das Gefühl des Fliegens hervor. Mit Salben aus den besonders giftigen Pflanzen Bilsenkraut, Tollkirsche, Stechapfel und Co. rieben sich die Hexen bei der Vorbereitung zum Ritt auf den Blocksberg in der Walpurgisnacht ein.
Berühmt ist das Schwarze Bilsenkraut (Hyoscyamus niger), eine der ältesten Giftpflanzen der Germanen. Im Mittelalter nutzten die Bader die Pflanze als Betäubungsmittel bei operativen Eingriffen, wie etwa zum Zähneziehen. Aber auch als Mittel gegen Schädlinge wie Ratten und Mäuse wurde das Bilsenkraut eingesetzt. Mit dem hübschen Kraut, dessen Blüten an die weit harmlosere Kartoffel erinnern und gelegentlich damit verwechselt wurden, wird in Shakespeares »Hamlet« der König ermordet. Als »Flugsalbe« der auf dem Brocken feiernden wilden

Frauen dienten ebenfalls Essenzen aus Bilsenkraut. Auch den Mönchen war das Kraut nicht fremd: Sie nutzten es, um die Wirkung des »Fastengetränks« Bier zu verstärken. Für unsere Ahninnen war das Bilsenkraut ein Schlüssel zum Tor in die Anderswelt. Die Eingeweihten konnten damit das Totenreich, die Göttersphären oder auch die Elementarwelt besuchen.
Einen magischen Ruf hat auch die ab Ende Mai blühende Tollkirsche (Atropa belladonna) mit ihren später schwarz glänzenden Beeren. Die »Königin« unter den Nachtschattenpflanzen enthält einen in Glückszustände versetzenden Wirkstoff, das Alkaloid Atropin, und wirkt narkotisch und krampflösend. Der Name Belladonna (d.h.: schöne Frau) erscheint bereits in Kräuterbüchern des 16. Jahrhunderts und geht wohl darauf zurück, dass der Saft, sobald er in die Augen getröpfelt wird, die Pupillen vergrößert, was auf Männer sehr anziehend wirkt. Bei den Römerinnen der Antike war diese Schönheitsmaßnahme durchaus üblich. Medizinisch wird der Wirkstoff Atropin heute noch in der Augenheilkunde zur Pupillenerweiterung verwendet. Vorsicht: Schon wenige Beeren der Tollkirsche können zum Tode führen!

• • •

Melisse ▷

(Englische Brennnessel, Herzkraut, Riechnessel)

Die Melisse ist hilfreich bei Menstruationsstörungen, sie entkrampft die Unterleibsorgane während der Periode und beruhigt die Nerven. In den Wechseljahren hilft ein Melissentee, ebenso bei plötzlich auftretenden Hitzewallungen. Verwendet wird das ganze Kraut.

Mönchspfeffer *(ohne Abb.)*

(Keuschlamm)

Mönchspfeffer bringt die weiblichen Hormone wieder ins Gleichgewicht, regt den Kreislauf an und findet Anwendung beim Prämenstruellen Syndrom (PMS) sowie bei Unregelmäßigkeiten im Zyklus und bei Wechseljahresbeschwerden. Verwendet werden die Blätter und Früchte.

◁ *Ringelblume*

(Goldblume, Ringelrose, Sonnenwende)

Ringelblumentee, eine Woche vor Beginn der Regel täglich getrunken, normalisiert die Regel und mildert auftretende Periodenschmerzen. Verwendet werden die Blüten.

Salbei

(Königssalbei, Kreuzsalbei, Zupfblatteln)

»Warum soll der Mensch sterben, dem Salbei im Garten wächst?«, ist ein gern zitierter Spruch aus einer Sammlung von Merkversen aus dem 13. Jahrhundert. Salbei, in alten

◁ Zeiten auch »Frauenkraut« genannt, reguliert den Zyklus, regelt den Blutstrom und wirkt schmerzstillend. Stillende Mütter sollten Salbei nicht anwenden, da er den Milchfluss verhindert. Verwendet werden die Blätter.

Schafgarbe

(Augenbraue der Venus, Blutstillkraut, Frauendank)

Eine Pflanze mit großen Heilkräften bei Weißfluss, bei schwachen oder zu starken Monatsblutungen. Sie beeinflusst die Blutzirkulation besonders günstig. Ein Tee der weißen Blüten vertreibt Beschwerden durch Blasenentzündung und hat eine krampflösende und zugleich stärkende Wirkung auf den Beckenboden. Ein wertvolles Heilmittel auch in den Wechseljahren. Äußerlich angewendet, kann ein Schafgarbenbad Schmerzen lindern. Wie bei vielen Heilkräutern tritt die Wirkung gewöhnlich erst nach regelmäßigem Gebrauch ein. Im Volksglauben schützte die Schafgarbe als Zauberkraut gegen alle bösen Einflüsse und Wirkungen. Verwendet werden das blühende Kraut und die Blüten. ▷

Taubnessel, weiße

(Bienensaug, Goldnessel, Weiße Nessel)

In alten Zeiten war die Taubnessel *das* Heilmittel für Frauen. Die Schwester der Brennnessel reinigt das Blut, verhilft zu einem gesunden Schlaf, ist in erster Linie ein sehr gutes Heilkraut bei Ausfluss, bei zu schwachen Menstruationsblutungen und bei unregelmäßiger oder schmerzhafter Menstruation.

Taubnesselbäder (aus der ganzen Pflanze bereitet) dienen zum Erweichen von Abszessen und Lymphdrüsenschwellungen. Die ganze Pflanze, am wirkungsvollsten mit den Wurzeln, ist blutreinigend, antientzündlich und krampflösend. Die Taubnessel als Tee oder im Salat ist auch anwendbar als blutreinigende Frühjahrskur. Verwendet werden die Blüten und Blätter. ▷

Waldmeister *(ohne Abb.)*

(Herzfreund, Labkraut, Maiblume, Waldmutterkraut)

Waldmeistertee wirkt schmerzstillend bei Unterleibsleiden, ist herzstärkend, harntreibend, beruhigend, krampflösend, vermindert die Blutgerinnung (als Tee oder Teemischung). Verwendet wird das Kraut.

◁ *Zaubernuss*

(Hamamelis virginiana)

Die Zaubernuss liebt die Kälte und blüht zur Freude der Göttin Skadi, einer Göttin aus der nordischen Mythologie und Hüterin von Schnee, Eis und der Jagd. Aus den kahlen braunen Zweigen der Zaubernuss sprießen im Januar angenehm duftende, gelbe Kronblätter. Das homöopathische Mittel Hamamelis wird bei Periodenschmerzen und bei zu starken

Blutungen eingesetzt. Bei Venenleiden, Wadenkrämpfen und Hämorrhoiden helfen Hamamelis-Salbe und Umschläge.

- **Hamamelis-Umschlag**

2 Esslöffel getrocknete Rinde und Blätter in 500 Milliliter Wasser kochen und 15 Minuten ziehen lassen. Legen Sie ein sauberes, mit dem Sud getränktes Tuch auf die betroffene Hautstelle.

Zubereitung für alle Heilmittel

Aufgüsse: Brühen Sie 1–2 Teelöffel der empfohlenen Kräuter mit siedendem Wasser auf, lassen Sie den Tee ziehen und seihen Sie ihn nach etwa 10 Minuten ab. Für die Zubereitung eines Heiltees eignen sich am besten Ton- oder Porzellangefäße, Gläser oder emaillierte Gefäße, jedoch keine Behältnisse aus Metall.

Abkochungen aus Rinden, Wurzeln, verholzten Pflanzenteilen stellen Sie her, indem Sie die Kräuter in kaltem Wasser ansetzen, 15–30 Minuten später bis zum Sieden erhitzten und dann auf kleiner Flamme einige Minuten köcheln lassen. Dabei rühren Sie gelegentlich um. Die noch warme Flüssigkeit wird abgegossen.

Kaltwasserauszüge setzen Sie mit kaltem Wasser an und lassen den Auszug bis zu 10 Stunden und mehr unter wiederholtem Umrühren ziehen. Dann gießen Sie ab.

So finden Sie Ihre persönliche Heilpflanze

Um Ihre Wahrnehmung zu verfeinern, können Sie eine Wanderung unternehmen, bei der Sie unterwegs auf alle Pflanzen, Steine und Bäume sowie auf Wasser und Erde achten. Zwischen Erde, Luft und Pflanzen gibt es immer ein intensives Zusammenspiel. Eine Wanderung eröffnet Ihnen eine neue Welt.
Falls Sie Kräuter sammeln, bewahren Sie sie getrennt in kleinen Baumwollbeutelchen in einem Korb auf und überprüfen Sie zu Hause anhand eines Kräuterbestimmungsbuches, ob sie wirklich ungiftig sind. Beschäftigen Sie sich mit ihrem Wuchs und ihrem Duft. Oft begegnet uns dabei das Kraut, das uns im Moment guttut.
Es ist immer günstiger, die Kraft einer einzigen Pflanze zu entdecken, ehe man sie mit anderen mischt – schon um auszuschließen, dass man auf eine Pflanze allergisch reagiert.

Heilsamer Tee

Für Kräutertee trocknen Sie Ihre gesammelten Kräuter an einer dunklen, trockenen und nicht zugigen Stelle. Für besondere Bekömmlichkeit besprühen Sie sie zuvor noch einmal mit Wasser und trocknen sie anschließend. Sobald die Pflanze von der Wurzel getrennt ist, verträgt sie kein direktes Sonnenlicht mehr und verliert im Licht ihre Inhalts-

stoffe. Deshalb sollte man die vollständig getrockneten Teekräuter in dunklen Schraubgläsern aufbewahren.
Tee können Sie ebenso gut aus frischen Kräutern zubereiten. Es empfiehlt sich, die Kräuter, die man gern hat, selbst zu sammeln oder in einer ökologisch wirtschaftenden Gärtnerei zu kaufen. Reste, die Sie momentan nicht konsumieren möchten, schneiden Sie klein, frieren sie ein oder trocknen sie.
Praktisch und empfehlenswert sind außerdem kleine Töpfchen mit Thymian, Basilikum, Rosmarin, Schnittlauch oder Salbei auf der Fensterbank.

• • •

Zauberkräuter und magische Pflanzen: die besten Tage und Stunden zum Sammeln

Seitdem Heilpflanzen und Kräuter dem Menschen dienlich sind und gesammelt werden, unterliegen sie magischen Gesetzen. Sie müssen zu bestimmten Tagen, Mondphasen und Stunden geerntet und angewendet werden, um ihre geheimnisvolle Wirkung voll entfalten zu können. Der nachstehenden Tabelle können Sie die wichtigen Zeiten entnehmen.

Die Bedeutung der Wochentage

Dem Wochentag kommt besondere Bedeutung zu, denn je nach dem Tag, der eine Pflanze regiert, behält die Pflanze ihre Zauberkraft und Heilwirkung oder verliert sie:

Wochentag	Regent der Pflanzen	Sternzeichen
Montag	Mond	Krebs
Dienstag	Mars	Widder, Skorpion
Mittwoch	Merkur	Zwillinge, Jungfrau
Donnerstag	Jupiter	Schütze, Fische
Freitag	Venus	Stier, Waage
Samstag	Saturn	Steinbock, Wassermann
Sonntag	Sonne	Löwe

Planeten und Pflanzen

An dem bestimmten Wochentag entfalten alle Pflanzen, die dem in der Tabelle genannten Planeten zugeordnet sind, besonders ausgeprägte Heilwirkungen und Energien – durch die Energien und Kräfte der Gestirne. Den Planeten sind folgende Pflanzen zugeordnet:

Mond: Brunnenkresse, Fetthenne, Gänseblümchen Gelbwurzel, Kamille, Klebkraut, Kopfsalat, Kresse, Kürbis, Linde, Mohn, Mondkraut, Mondraute, Mönchspfeffer, Muskatbaum, Weiße Lilie, Wundkraut, Ysop.

Mars: Brennnessel, Distel, Eisenhut, Hahnenfuß, Hauhechel, Knoblauch, Lauch, Mispel, Senf, Wegerich, Weiße Nieswurz, Wolfsmilch, Zwiebel.

Merkur: Akelei, Anis, Ehrenpreis, Fünffingerkraut, Holunder, Huflattich, Lungenkraut, Wacholder.

Jupiter: Birnbaum, Buchs, Erdbeere, Erdraute, Esche, Feigenbaum, Haselstrauch, Kirschbaum, Lein, Lilie, Mandel, Olive, Rhabarber, Süßholz, Weinstock, Weizen.

Venus: Fette Henne, Frauenhaar, Knabenkraut, Narzisse, Petersilie, Rose, Sandelkraut, Steinklee, Veilchenwurzel, Wasserlilie.

Saturn: Eppich, Flachs, Goldwurz, Hanf, Hauswurz, Hirtentäschel, Kümmel, Moose, Nachtschatten, Opium, Schierling, Sennblätter.

Sonne: Eibisch, Eisenkraut, Enzian, Granatapfel, Johanniskraut, Lavendel, Lorbeer, Majoran, Myrrhe, Quendel, Ringelblume, Rosmarin, Sonnenblume, Thymian.

So werden magische Kräuter und Pflanzen richtig gesammelt

Für das Kräutersammeln zählen nicht nur der richtige Wochentag und die richtigen magischen Stunden; es kommt auch besonders auf die richtige Mondphase an.

- **Vollmond**

Sammeln Sie in dieser Mondphase besonders Thymian, Bärlapp, Lavendel und Basilikum. Diese Kräuter entwickeln bei Vollmond ihre stärkste Kraft und sind jetzt am heilkräftigsten.

• **Abnehmender Mond**
Da in dieser Mondphase die Säfte der Pflanze im Wurzelwerk gespeichert sind, sollten Sie bei abnehmendem Mond besonders Pflanzen- und Baumwurzeln sammeln. Die Kräuter sind dann besonders wirksam.

• **Zunehmender Mond**
Pflanzen, deren Früchte, Blüten, Stängel oder Blätter für magische Zwecke verwendet und verwertet werden, sollten bei zunehmendem Mond gesammelt werden, da zu dieser Zeit die Pflanzensäfte nach oben steigen.

Die Regenten der Tage und Stunden

Die Tabelle »Die Regenten der Tage und Stunden« im Anhang zeigt Ihnen, welche Stunde für das Sammeln, Ernten und Zubereiten der magischen Kräuter am günstigsten ist.
Da jeder Wochentag seine bestimmten, besonders wirkungsvollen magische Stunden hat, die das Sammeln von Kräutern, das Durchführen von Ritualen und Zeremonien erleichtern, sollte man sich unbedingt an die Regenten-Tabelle halten. Wer zu bestimmten Tagen, Mondphasen und Stunden Kräuter und Pflanzen erntet, anrichtet oder anwendet, kann sicher sein, die wertvollen Inhaltsstoffe in heilkräftigen Essenzen, Tinkturen und Elixieren bewahren zu können.

Anlegen eines Energiegartens

Der Alltag mit seinen mannigfaltigen Belastungen, ständigen Anforderungen und Stressmomenten fordert sehr viel von uns, manchmal zu viel. Wir drehen uns im Kreis, suchen einen Ausweg oder möchten am liebsten davonlaufen. Allerdings geht das meistens nicht, und dann tauchen wie üblich die Fragen auf: Was tun? Wohin?

Es gibt einen Weg, der aus dem scheinbar fest gemauerten Labyrinth hinausführt in ein kleines Paradies: Wir errichten und formen uns einen Energiegarten, der nur uns gehört, uns ganz allein. Dieses Paradies muss nicht groß sein, eher überschaubar, und darf vor allem nicht zu viel Arbeit machen, sonst artet alles wieder in Stress aus. Und den wollen wir ja vermeiden.

Schon drei Pflanzen auf kleinstem Raum reichen aus, um unsere Energien zum Fließen zu bringen. Fünf bis acht Pflanzen stärken uns noch um einiges mehr und tragen viel zu unserem körperlichen und seelischen Wohlbefinden bei; sie können wahre Wunder bewirken.

Das ist natürlich eine Platzfrage. Wer das Glück hat, eine Dachterrasse oder einen großen Balkon zu besitzen, muss nicht lange suchen oder überlegen, wo und wie er einen Energiegarten gestaltet; er wird schon durch die Form der Terrasse oder des Balkons vorgegeben. Und nichts spricht gegen ein lang gezogenes Rechteck oder ein abgestecktes Quadrat als Grundform für einen Energiegarten.

Viel mehr Möglichkeiten bietet natürlich ein kleines Gartengrundstück oder eine abseits gelegene Waldlichtung. Unter Umständen kann ein freundschaftliches Gespräch mit einem Förster oder einem Waldbeauftragten das Vorhaben erleichtern. Erklären Sie Ihren Plan für Ihren Energiegarten einfach bildhaft und nachvollziehbar. Vielleicht werden Sie sogar spontane Hilfe beim Anlegen bekommen – sofern Sie es nicht vorziehen, alles in Eigenarbeit zu gestalten, wenn Sie über genügend Erfahrungen und Wissen verfügen.

Die Auswahl der Pflanzen

Da jede Pflanze eine bestimmte energetische Schwingung besitzt, können Sie sich aussuchen, welche im wahrsten Sinne des Wortes zu Ihnen passt.
Pflanzen können wie wir Menschen durchaus Sympathien zeigen oder einen Menschen völlig ablehnen. Wem ist nicht schon einmal eine Pflanze eingegangen, an der man mit ganzem Herzen hing? Womöglich hatte es damit zu tun, dass diese Pflanze uns nicht leiden konnte?
Das geschieht allerdings recht selten, denn wenn man einer Pflanze Sympathie oder gar Liebe entgegenbringt, wird sie es einem fast immer mit einem kräftigen Wuchs und reichem Blütenschmuck danken.
Es sei Ihnen geraten, Pflanzen oder Blumen nicht aus dem Katalog zu bestellen, denn per Abbildung können Sie keinen persönlichen Bezug herstellen. Kaufen Sie Ihre Pflanzen bei einem Gärtner, wenn möglich auf dem Land, oder in einer wegen ihrer Qualität angesehenen großen Gärtnerei.

Pflanzen, die die Seele stärken

Wenn Sie besonders Rosen lieben, gehen Sie in der Gärtnerei zu einem Rosenstock Ihrer Wahl und halten Sie Ihre Hände etwa 30 Zentimeter über ihn. Spüren Sie, wie seine Ausstrahlung langsam »greift«, sprechen Sie ihn in Gedanken an und bitten Sie ihn, Sie zu Ihrem Energiegarten zu begleiten. Fühlen Sie sich dabei wohl und angenommen, so ist es *Ihr* Rosenstock. Verfahren Sie ebenso mit den anderen Pflanzen. Acht bis zehn Pflanzen, Kräuter oder Blumen reichen, um ein genügend großes Energiefeld aufzubauen, in dem Sie sich wohlfühlen und Seele und Körper immer wieder aufladen können.
Verlassen Sie sich ganz auf Ihre Intuition, um diejenigen Pflanzen herauszufinden, die Sie nicht nur energetisch unterstützen, sondern Ihrem Wesen voll und ganz entsprechen.

Energiepflanzen und ihre Kräfte

Nutzen Sie das hohe Energiepotenzial der folgenden Pflanzen und lassen Sie ihre Düfte entweder in Form ätherischer Öle in einer Aromalampe verströmen oder gönnen Sie sich ein heißes Bad, in das Sie einen Teebeutel mit den jeweiligen Kräutern geben.

Pflanze	**Wirkung**
Bambus	schützt vor negativen Gedanken, verleiht gute Ideen
Brennnessel	nimmt Ängste, gibt Zuversicht, steht für Energie und Mut
Johanniskraut	positive Energie, bringt die Seele ins Gleichgewicht, stärkt das Ich-Bewusstsein
Kamille	stärkt das Vertrauen in sich selbst, löst Ängste auf, setzt Heilungsprozesse in Gang
Lavendel	schützt, fördert die Harmonie und die Versöhnung mit sich selbst
Löwenzahn	verstärkt die Intuition, klärt geistige Probleme, lässt Nervosität nicht erst aufkommen
Mistel	bewirkt inneren Frieden, erfreut die Seele
Rose	löst Aggressionen auf, stimmt optimistisch und versöhnlich
Rosmarin	klärt den Geist, löst Erschöpfung auf, schenkt Jugendlichkeit und Kraft
Wacholder	reinigt den Geist, macht ihn klar und frei, lindert Angst und Stress

• • •

Die Form des Gartens

Die Anlageform eines Energiegartens sagt nicht nur etwas über seine Besitzerin oder seine Nutzerin aus, sie lässt auch tiefen Einblick in deren Seele nehmen.

Der quadratische Garten

Die traditionellste und wohl praktischste Form einer Gartenanlage ist das Quadrat. Es ist gleichsam angelegt an den vier Himmelsrichtungen, kann von allen vier Seiten eingesehen werden, bevorzugt und benachteiligt niemanden. Der quadratische Garten kommt bei den meisten Menschen gut an; durch seine Form schafft er Vertrautheit und vermittelt ein solides Gefühl.

Der kreisförmige Garten

Liegt dem Energiegarten ein Kreis zugrunde, weiß man: Diese Gartenfreundin ruht in sich. Sie ist mit sich im Reinen; sie weiß das Leben zu nehmen und liebt harmonische Formen. Sie strebt Vollkommenheit an, wo vielleicht keine ist, ist ständig auf der Suche nach sich selbst, obwohl sie sich längst gefunden hat.
In alten Märchen und Mythen schrieb man dem Kreis die magische Kraft und Energie eines Schutz- und Abwehrzaubers zu, in dessen Kraftfeld selbst das Schwächste nicht bedrängt werden konnte. In vielen Kulturen symbolisiert der Kreis die Sonne, die Lichtgöttin und allsichtbare Lebenserhalterin.

Der spiralförmige Garten

Die Spirale entwickelt sich aus einem Punkt, bewegt sich weiter im Uhrzeigersinn, kündet von Wiederkehr und Erneuerung und bittet das Auge, ihr zu folgen – bis ins Unendliche, von innen nach außen und von außen nach innen. Mit unterschiedlich farbigen Pflanzen, Blumen und Kräuterarten lassen sich immer wieder neue Formen und Bilder gestalten, andere Wirklichkeiten »schöpfen«, Stimmungen erzeugen. Die Spirale ist für die Suchende, die experimentierfreudige Gartenfreundin die vollendetste Form. Sie möchte sich ins Leben einbringen, ohne sich zu verlieren oder ihre Persönlichkeit einschränken oder unterdrücken zu müssen.

Sie können den Spiralgarten mit verschiedenen Pflanzen anlegen, zum Beispiel den kleinwüchsigen Kräutern (Majoran, Basilikum, Gartenkresse, Portulak, Thymian, Petersilie, Schnittlauch) groß- und starkwüchsige Pflanzen (Liebstöckel, Estragon, Beifuß, Fenchel) beigesellen. Die kleineren sollen von den größeren im Hinblick auf Platz und Licht weder unterdrückt noch am Wachstum gehindert werden.

Vor allem müssen Sie darauf achten, dass sich die Kräuter und Pflanzen vertragen. Pflanzen tauschen Informationen aus. Sie reagieren auch sehr positiv, wenn ihnen Menschen besondere Zuwendung entgegenbringen.

Das Labyrinth

Die Symbolik des Labyrinths kann unterschiedlich gedeutet werden. Es ist ein uraltes, sehr vielschichtiges Symbol. Es kündet von Geheimnis, von Unsterblichkeit, vom großen Rätsel des Lebens und vom uns umgebenden, unendlichen Raum. Labyrinthe kommen auch in unseren Träumen vor; sie zeigen uns Wege auf, die ins Innere unseres Selbst führen. Im Labyrinth umherzuirren, deutet auf Unentschlossenheit hin, vielleicht auf Angst vor sich plötzlich verändernden Lebensbedingungen. Wer das Labyrinth überwindet und unbeschadet herausfindet, ist Siegerin über das Geheimnis, das sie mit Fantasie und Willenskraft überwunden hat.
Der labyrinthisch angelegte Energiegarten, ebenerdig, terrassenförmig oder an einer Mauer angebracht, dient gleichsam als Schlüssel für jene, die in diesen Garten hineinblicken, als Bestätigung und Bekräftigung des eingeschlagenen Weges und der zukünftigen Ausrichtung.

Es sei Ihnen natürlich unbenommen, Ihren Garten immer wieder zu verändern – Hauptsache, Sie fühlen sich wohl und zufrieden. Sollten Sie Ihre Form noch nicht gefunden haben, so wappnen Sie sich mit Geduld! Wenn Sie sich intensiv damit beschäftigen und darüber meditieren, werden Sie über kurz oder lang die Gartenform finden, die zu Ihrer Persönlichkeit passt und sie nachhaltig fördert.

Räuchern

Bei unseren gemeinsamen Ritualen und Meditationen verbinden wir uns mit der geistig-spirituellen Welt, lassen den Alltag hinter uns und öffnen uns für alles, was uns bestimmt oder zugedacht ist. Wir sind verbunden mit den Urkräften der Natur und entdecken dadurch ganz neue Dimensionen unseres Bewusstseins.

Rituale werden oft nach festen Regeln durchgeführt, können jedoch ebenso nach unseren Wünschen und Bedürfnissen gestaltet werden. Voraussetzung für ein gelingendes Ritual ist eine völlig entspannte Haltung, eine innere, aufnahmebereite Leere, in die neue geistige Inhalte ohne hinderliche Blockaden einfließen können. Um Zugang zur geistig-magischen Welt zu erlangen, bedienen wir uns ausgewählter ritueller Gegenstände und besonderer traditioneller Gerätschaften.

Großen Raum bei Ritualen und Zeremonien nimmt das Räuchern ein. »Der Geruchssinn ist einer der lebendigsten und geistigsten aller Sinne«, schrieb Cornelius Agrippa, »er öffnet den Zugang zu anderen Welten und verhilft zu einem höheren Bewusstsein.«

Räuchern entspannt und macht frei, unterstützt Meditation und Gebet, verstärkt Träume und vertieft Visionen. Es gehört mit zu den ältesten Heilanwendungen, wobei der Duft eine wichtige Rolle einnimmt.

Magisches Räucherwerk und individuelle Duftkreationen reinigen die Psyche und lenken von der irdisch-profanen Ebene ab.

Räuchern harmonisiert das Gemüt und klärt die Sinne. Einst wurde auch im Alltag geräuchert. Damit vertrieb man schlechte Gerüche, schuf sich eine angenehme Raumsituation oder vertrieb böse Geister, die sich in Haus und Hof und in die Gedanken einnisten wollten.

Ein ganz neues Lebensgefühl vermittelt Ihnen das Reinigen der Wohn- und Lebensräume, wenn Ihre Gedanken zu sehr kreisen und zu keinem guten Ende finden. Oder wenn Sie negative Energien auflösen oder positiv aufladen wollen. Sie sollten natürlich vorher ausprobieren, welches Räucherwerk Ihre Sinne besonders anspricht oder Sie außergewöhnlich erhebt.

Räuchermittel und Räucherpflanzen

Zum Räuchern brauchen Sie:

- Räucherschale oder Räucherpfanne aus Metall
- Mörser mit Stößel
- feinen, sauberen Sand (Meer- oder Wüstensand)
- Räucherkohle
- Räucherwerk (Kräuter, Pflanzen, Harze, Holz)
- Streichhölzer, Feuerzeug, Kerze, Gaszünder
- kleine feuerfeste Zange oder Klemmgabel
- Wassergefäß zum Löschen

Das Räucherwerk

Für eine Meditation, zur Vertreibung von Energie-aufzehrenden Gedanken oder zu Ihrer Erbauung, Heilung und Stärkung verwenden Sie Räucherkräuter, Räucherpflanzen, Harze oder Hölzer Ihrer Wahl.
Aus den nachstehenden Räuchermitteln und ihrer Wirkung wählen Sie aus, was Ihrem Wesen und Ihren Bedürfnissen entspricht. Viele der Harze, Hölzer und Kräuter können Sie in einschlägigen Geschäften kaufen oder übers Internet beziehen.

Harze, Kräuter, Hölzer

Die wichtigsten Räucherharze

Bernstein:	reinigt die Luft und befreit von üblen Gedanken
Fichtenharz:	befreit die Lungen und macht fröhlich
Kampfer:	hält die Gedanken klar, lässt neue Ideen zu
Mastix:	schützt und reinigt
Myrrhe:	schützt vor Anfechtungen und stärkt die Seele
Sandarak:	erfrischt und befreit den Kopf
Weihrauch:	reinigt, läutert, lässt innere Ruhe und Zufriedenheit einkehren

Ausgewählte Räucherpflanzen

Johanniskraut:	entspannt, stimmt heiter und froh, beeinflusst das Wohlbefinden
Kalmus:	sensibilisiert das Bewusstsein
Liebstöckel:	vertreibt die bösen Geister und verleiht Mut

Mädesüß:	öffnet die Herzen
Muskatblüte:	stärkt das Selbstbewusstsein
Salbei:	schützt vor Krankheit, klärt Probleme
Schöllkraut:	von den Alchemisten zum Goldmachen verwendet; Symbol der Zufriedenheit, in alten Zeiten als Mittler bei Streit und Auseinandersetzungen eingesetzt
Wacholder:	zur Reinigung einer negativen Atmosphäre

Natürliche Räucherhölzer

Birkenrinde:	macht rechtzeitig auf Fehler aufmerksam, schützt vor negativen Gedanken
Buchenrinde:	diszipliniert galoppierende Gedanken
Eichenrinde:	stärkt das Selbstbewusstsein, versöhnt mit den Ahnen
Haselnuss:	schützt vor Verzauberung und Illusionen
Holunder:	nimmt schmerzhafte Dinge weg, gibt Gelassenheit
Rosenholz:	verbindet mit Freunden und ermutigt zum Aufeinanderzugehen
Sandelholz:	reinigt die Seele und macht zuversichtlich
Weidenrinde:	schützt vor Krankheitskeimen und negativen Flugenergien

Rituelle Gegenstände und Hilfsmittel

Rituale, große Meditationszirkel und gemeinsame Zeremonien werden nicht nur durch den gemeinsamen Geist getragen, der die Beteiligten beseelt, trägt und inspiriert: Für das gemeinsame

Ritual, das Entwickeln von Visionen und realisierbaren Träumen sollten energiegeladene Hilfsmittel und vertraute Utensilien bereitstehen.
Sie brauchen nur wenige rituelle Gegenstände, um den Kontakt mit den Ahnen aufzunehmen, den inneren Kreis auf dem Ritualplatz zu vollenden, die Energiekreise zu schließen, den Kontakt mit der pulsierenden Mutter Erde aufzunehmen. Rituellen Gegenständen wohnt auch eine bestimmte Symbolik inne: Ein Stab steht unter anderem für den Phallus, ein Kreis für die Unendlichkeit des Lebens oder die Notwendigkeit des Seins, das Dreieck unter anderem für die Weiblichkeit im Absoluten und im Einzelnen.

Altar: dient zur Aufnahme der Räucherutensilien, Wassergefäße, Kerzen und Naturgaben (Kräuter, im Mondlicht geweihte Wurzeln, ausgewählte Steine, persönliche Geschenke)
Anker: gibt Halt, lässt hoffen
Apfel: ähnelt der weiblichen Brust; Kraft und Hoffnung
Baum / Zweig: Symbol des Lebens, der persönlichen Entwicklung und des geistig-seelischen Wachstums
Dolch: trennt oder zerschneidet; tötet abgestorbene Triebe
Eichenlaub: Symbol des Sieges und der Überwindung
Fackel: Reinigung, Freude, Erleuchtung, Hoffnung, Zuversicht
Feder: zum Fächeln beim Räuchern und bei den Kräuterpfannen

Feuer: reinigt, zeigt psychische Energie, schützt vor Dämonen

Kelch: nimmt auf, behält, bewahrt, nimmt an

Kerze: verbindet den Geist mit der Materie – und umgekehrt

Kessel: ist bereit für alles, was gesammelt, geordnet, aufgenommen werden möchte; behütet, bewahrt, schützt

Mörser/Stößel: zum Mahlen und Hacken von Kräutern, Rinde, Wurzeln, Blüten, Blättern

Regenbogen: verbindet den hohen Himmel mit der allgegenwärtigen Erde, versöhnt mit Feinden, erquickt die Seele

Ring: Symbol für Treue, Verbundenheit, Erfüllung; umhüllt und schützt den Finger (Ringfinger) vor unbedachten Handlungen

Rute: schlägt den feindlichen Dämon oder die Gedanken, die man gegen sich selbst richtet; Symbol für Wachsamkeit

Scheibe: Symbol der Sonne, der Lebensspenderin, der goldenen Sonnenscheibe

Spirale: Ordnung; Wiederkehr, Erneuerung; Unendlichkeit und Rückkehr zum Punkt; in der Meditation sanft gedanklich fixiert, kann die Spirale den Zugang zu anderen Welten öffnen

Stab: Baum-Symbol, aufrecht, nach oben strebend, wie das Leben, das sich zum Licht emporreckt; Stab, der (z.B. im Sport) weitergetragen wird, als Stärke, Stütze, gemeinsamer Halt

Stein: Steine existierten schon, bevor es Menschen gab; vielleicht die ersten »Lebewesen« oder Wesen überhaupt; in ihnen liegen Ruhe und Kraft, sie sind hart und warm, je nachdem, wie man mit ihnen umgeht oder sie respektiert; »steinalt« und voller Weisheit und Erinnerungen der Erde

Trommel: rhythmisches Trommeln verbindet mit dem Unterbewusstsein und den tiefschichtigeren Welten; in harmonisch-synchronem Rhythmus ist es möglich, in der eigenen Tiefe lauernde, krude Gedanken herauszuholen, zu entfernen und das eigene Selbst zu läutern

Windharfe: siehe folgender Abschnitt über den Wind

Der Wind

Viele Urvölker sahen im Wind, den brausenden Lüften, Wettern und Stürmen mächtige Geister, höhere Mächte, den gewaltigen Atem der Erde. Bei den Indianern gab es vier große Geister des Nord-, Süd-, Ost- und Westwinds. Dem Wind wurde große Verehrung zuteil – immerhin war er unsichtbar, ließ sich nicht greifen, nur fühlen, und dennoch konnte er in seinem Ingrimm gewaltige Kräfte entwickeln, Bäume entwurzeln, Hütten, Unterkünfte und Häuser zerstören; er konnte sowohl verheerend als auch segensreich wirken. Er kann sein tobendes Brüllen herabsenken zu einem sanften Flüstern, kühlt erhitzte Gemüter, befruchtet Blüten, bringt Samen zum Tanzen und trägt die Kraft der Pflanzen weithin über alle Welt.

Sie können die Kraft des Windes für sich »arbeiten« lassen, ihm Botschaften mitgeben, ihn bitten, Ihre Gedanken in alle Welt hinauszutragen.

Begeben Sie sich auf eine Anhöhe, Hügelkuppe oder Bergspitze, wo Sie ungestört sind.

Tragen Sie nur ein leichtes Sommerkleid, das Ihren Körper umschmeichelt. Oder streifen Sie Ihre Kleidung ab, geben Sie sich nackt und mit erhobenen Armen hinein in die Strömung und Anziehung des Windes: in seine ungeheure Macht, die ihn zu einem furchtbaren Feind machen kann, oder in den kaum spürbaren Lufthauch, den zarten Zephir, der ausgelassen mit den Wolken spielt.

Setzen Sie den Wind gleich mit Ihrem Atem, dem Geist, der Sie beseelt, der allgewaltigen Lebenskraft.

Herstellung einer Windharfe

Die Windharfe ist ein leicht herzustellender Ritualgegenstand. Sie benötigen dazu einen etwa 180 Zentimeter langen gabeligen Haselnussstecken – je breiter die Gabel, desto besser für das Ritual. Von einem Gabelende zum anderen spannen Sie einen dünnen Draht und fixieren ihn. An dem Draht befestigen Sie Ihre Symbole und Wunschanliegen.

•••

Ritual mit der Windharfe

Die Windharfe stellen Sie auf Ihrem Ritualplatz auf oder wo immer Sie die Möglichkeit dazu haben. Wichtig ist, dass Sie sich an dem gewählten Platz wohlfühlen und in Harmonie mit sich selbst sind.

Zusammen mit der Windharfe haben Sie einige Symbole vorbereitet, geschnitten aus festem Karton oder gemalt auf ein Stück Stoff Ihrer Wahl (Seide, Leinen, Baumwolle). Auf den Karton schreiben Sie Ihre Herzenswünsche, Botschaften an andere Menschen, Fragen an die Natur. Auf die Tücher malen Sie einen Kreis (Symbol der Erde und der Natur), ein nach unten gerichtetes Dreieck (für das weibliche Geschlecht), ein Auge (Fenster zur Welt, Vergangenheit, Mond), eine Wellenlinie (Symbol allen Lebens) oder ein anderes Sinnbild, dem Sie sich verbunden fühlen.

Stecken Sie den Stab in die Erde, befestigten Sie den Karton oder eines der Tücher am Draht (mit Klammern oder Aufhängeclips) und drehen Sie die Gabel so lange, bis sich der Karton oder das Tuch sacht im Wind bewegt.

Jede Mondin kann sich ihre Windharfe auch zu Hause aufstellen und damit meditieren. Oder die Mondinnen nehmen ihre Windharfen zum Ritualplatz mit und befestigen daran ihre Anliegen.

Für ganz persönliche und unmittelbare Wünsche können Sie auch ein Foto oder eine Zeichnung als geistig-materielles Medium am Windharfendraht anbringen.

Kraftplätze für Frauen

Es gibt sie überall auf der ganzen Welt: alte Kultstätten, geheimnisvolle Orte und zauberische Stätten, die mit magischer Kraft aufgeladen sind und schon seit vielen Jahrtausenden aufgesucht wurden – und noch immer werden.
Es sind die Orte, an denen Mythen und Märchen lebendig sind. Stätten, die zu den Ursprüngen der eigenen Seele führen: Kultplätze voller Heilkraft, heilende Quellen, geheimnisvolle Steine oder Steinformationen, beseelte Bäume, mythische Landschaften, von Nebel umwaberte Kultplätze. Kathedralen, Kapellen, Klöster, Schlösser, Burgen oder Städte wurden in früheren Jahrhunderten immer dort angelegt, wo schon unsere Ahnen ihre Heiligtümer, Kultstätten und Altäre errichtet hatten. Es waren magische Plätze, erfüllt und durchdrungen von gewaltiger Energie. Dort fanden sich Mondinnen, Priesterinnen, Heiler, Druiden und Schamanen zusammen zu magischen Ritualen, Tänzen, Feiern, Gottesdiensten.

Magie und Geheimnisse der Kultplätze und Kraftorte

Kultplätze und Ritualorte wurden nicht willkürlich ausgewählt. Unsere Vorfahren waren da sehr findig und einfallsreich. Planten sie den Bau einer Kirche, eines Klosters, einer Burg oder eines Hauses, trieben sie Pferde, Kühe oder Hunde auf den vor-

gesehenen Bauplatz und beobachteten das Verhalten der Tiere: Legten sich die Tiere auf die Erde oder tummelten sich auf den Wiesen und Feldern, konnte man sich darauf verlassen, dass die Erde »strahlungsfrei« war, also keine negativen Auswirkungen auf den Menschen hatte. Die Stellen wurden markiert und festgehalten, dort konnte getrost gebaut werden.
Das Wissen um die »magischen Kräfte« der Erde ist uralt. Das zeigen die vielen Heiligtümer: Berge, Seen, Quellen, Brunnen, Haine, Wälder, die als Pforten zur geistigen Welt dienen.

Magische Orte vor unserer Haustür

Zu den bekannteren Kultstätten Deutschlands gehören die Externsteine im Teutoburger Wald, die Vogelherd-Höhle auf der Schwäbischen Alb, der Brocken im Harz, die Megalithen der Lüneburger Heide, das Thormoor von Süderbarup, der Teufelstisch im Frankenwald, der Kyffhäuser im Thüringer Wald, die heiligen Quellen in der Eifel oder die keltischen Viereckschanzen in Bayern.

• • •

Finden Sie Ihren Energiestein

Erscheint Ihnen ein Kultplatz, eine besondere Stätte als außergewöhnlich energetisch, dann spüren Sie in sich hinein, ob Sie einen Stein, einen Findling, einen Kiesel Ihrer Wahl von dort mit nach Hause nehmen dürfen. Wenn ja, bewahren Sie ihn an Ihrem Lieblingsplatz oder an dem Ort auf, den Sie für Ihre ganz persönlichen Kleinode und Utensilien ausgesucht haben.

Sollten Sie sich einmal leer, müde und kraftlos fühlen und nicht wissen, wie es weitergeht, nehmen Sie Ihren Lieblingsstein fest in Ihre Hände, atmen Sie tief ein und aus und holen Sie sich mit jedem Atemzug neue Kraft und neuen Mut. Schon nach kurzer Zeit werden Sie sich viel vitaler und schwungvoller fühlen.
Reservieren Sie auch für Ihre Freundinnen einen besonders wohlgeformten Energiestein – übrigens ein schönes Geschenk,

das Sie mit Ihrer ganz persönlichen Energie aufladen können. Rufen Sie sich Ihre Kindheit zurück, das Spielen im Park oder die Spaziergänge, wenn Sie einen besonderen, vielleicht seltsamen bunten Stein sahen, der Ihre ganze Aufmerksamkeit auf sich zog und von dem Sie spürten, dass er zu Ihnen gehörte. Sie haben ihn mit nach Hause genommen, ihn immer wieder umfasst, denn Sie wussten schon damals, dass dieser Findling, *Ihr* Stein, Sie irgendwie mit der unendlichen Kraft von Mutter Erde verband.

Die Kraftlinien der Erde

Unsere gesamte Erde ist von Kraftlinien durchzogen: Sie kreuzen sich an bestimmten Punkten und senden dort energetische Strahlungen aus, die von sensitiven Menschen erspürt und wahrgenommen werden können. Diese Kraftlinien sind oft Hunderte von Kilometern lang. Schon vor vielen Jahrtausenden zogen die Menschen an diesen unsichtbaren Pfaden entlang und wanderten von einem Heiligtum zum anderen.

Alte Kultstätten – magische Plätze

Überall auf der Welt gibt es bevorzugte Plätze, an denen die natürlichen Kräfte der Erde besonders stark konzentriert sind.

- Eines der berühmtesten uralten Heiligtümer auf der Erde ist der magische Steinkreis von Stonehenge in England, der auf einem geomantischen Punkt errichtet wurde. Die gewaltigen Menhire von Stonehenge wurden schon 1000 Jahre, bevor die Druiden in die Welt traten, aufgestellt, und zwar in drei Etappen über einen Zeitraum von 500 Jahren.

- Avalon heißt ein »im Nebel verborgener« Ort in Britannien. Die Ankunft auf Avalon ist, so will es der Mythos, nur Eingeweihten möglich. Sie müssen über die Macht verfügen, die heilige Barke zu rufen und den Weg durch die Nebel zu finden. Die Abtei von Glastonbury gilt als »Übergangspforte« nach Avalon. Deshalb beansprucht der Ort Glastonbury für sich, das sagenhafte Avalon zu sein. Dort kann man das angebliche Grab von König Artus und seiner Gemahlin Guinevere besichtigen.
- Auch die Pyramiden von Gizeh zählen zu den bekanntesten magischen Orten auf der Welt.
- Jahrtausendealt ist die Kunst der Geomantie in China. Nach der Feng-Shui-Lehre (Wind und Wasser) wird die Erde von

positiven und negativen Energien durchpulst: Ein glückliches, erfülltes Leben kann demnach nur der führen, der sich über den »Drachenlinien«, den positiven Kraftlinien, seinen Palast oder ein Haus baut.

- Ebenfalls sehr berühmt ist die Kathedrale von Chartres, in deren Nähe eine heilkräftige Quelle fließt.
- Unter dem Kölner Dom befinden sich die Grundmauern eines römischen Tempels, darunter die Anlage eines keltischen Heiligtums mit einem Brunnen.
- Ein beliebter Wallfahrtsort ist Altötting in Bayern, zu dem jedes Jahr Tausende von Katholiken wallfahren. Auch an dieser Stelle befand sich einst ein vor 2500 Jahren errichtetes keltisches Heiligtum. Viele Kirchen und Klöster wurden im Lauf der Jahrhunderte auf »heidnischen«, magischen Kultstätten errichtet, wo schon unsere Vorfahren ihre Heiligtümer hatten und ihre Rituale abhielten. Das ist kein Zufall, denn von diesen Plätzen gehen tatsächlich wunderbare Kräfte aus.
- Eine der wohl bekanntesten Kultstätten in Deutschland sind die sieben bis zu 30 Meter hohen, rätselhaften Externsteine im Teutoburger Wald (bei Horn/Bad Meinberg). In früheren Zeiten nannte man die steinernen Riesen »Eccestan« (d.h. Mutterstein; altindogermanisch »Acca«, d.h. Muttergöttin). Die Sandsteinfelsen liegen auf altem, heiligem Boden und dienten einst als Sternwarte und Beobachtungsplatz für den Mond und seine wechselnden Lichter. Zur Zeit der Sommersonnenwende um den 21. Juni kann man in der sogenannten Kapelle den Aufgang der Mittsommersonne und den nördlichsten Mondaufgang beobachten.
- Eine magische Sehenswürdigkeit ist der Mariastein (bei

Burg Falkenstein in Niederbayern) direkt neben der Mariakirche. In alter wie auch in neuerer Zeit pilgerten die Menschen hierher zu diesem Lochstein, um durch dessen Berührung von ihren Krankheiten und Nöten geheilt und befreit zu werden.

- Ein legendärer und magischer Kraftort ist die Hexentreppe auf dem Wurmberg, dem Gipfel des zweithöchsten Harzberges, südlich des Brockens. Dort feierten die Frauen und Mondinnen ihre Jahreszeitenfeste.
- Der Lilienstein in der Sächsischen Schweiz ist ein weithin zu sehender, markanter Tafelberg in guter Gesellschaft eines uralten Birkenhains. Auf den Felsspitzen des Liliensteinplateaus, so Experten, wurden sieben schalensteinartige Vertiefungen gefunden, die energetische Punkte darstellen und den sensiblen Wanderer und Naturpilger direkt mit der Energie der Erde verbinden.
- Unweit von Eisenach in Thüringen steht der aus Muschelkalkgestein bestehende Hörselberg, ein Ort dämonischer Geister und dunkler Mächte. Er ist auch die Wohnstätte von Frau Holle, der Hüterin von Haus und Herd. Der Überlieferung zufolge verlässt Frau Holle in zwölf Nächten ihren Zauberberg und sucht die Spinnstuben im umliegenden Land auf: Wer fleißig war, der wird gesegnet und belohnt, während die faulen Spinnerinnen bestraft werden. Da Frau Holle auch als Göttin der Ehe und der Familie gilt, ist eine Braut, deren Schleier vom Regen benässt wird, sowie ihr Ehemann durch Frau Holle gesegnet.
- Vermutlich wusste König Ludwig II. von Bayern über Erdstrahlen und positive Energiefelder Bescheid, als er befahl, in

Neuschwanstein sein Schloss zu bauen. Lange vor dem Bau von Ludwigs Märchenschloss gab es hier eine uralte keltische Kultstätte, auf der später der Ritter von Schwangau eine Burg errichten ließ. Rutengänger stellten im Thronsaal des Schlosses, genau auf dem Thronplatz, ungewöhnlich intensive Strahlungen und Energiefelder fest.

Natürliche Energiepunkte

Natürliche Erdenergien kann man überall entdecken: auf Bergen, in Höhlen, bei ungewöhnlich gestalteten Felsformationen, in heiligen Wäldern und Hainen, an Wegkreuzungen und Weggabelungen, an Flüssen, Quellen, Brunnen, Bächen.

Heiliges Wasser

Wasser galt in alten Zeiten als heilig. Es war nicht nur kostbar, sondern unentbehrlich für das Überleben. An manchen Wassern durfte man weder fischen noch mit einem Boot fahren.
Als heilige Wasserstätten galten neben Sandbänken auch die Mündungen mancher Flüsse oder Teile von ihnen.
Teiche, Quellen und Bäche wurden verehrt, man brachte ihnen Dankesopfer dar, betete zu den darin wohnenden Geistern und reinigte sich mit heilendem Wasser.
Geheimnisvoll geformte Flussläufe, durch verschwiegene Zauberlandschaften eilende Bäche, im Hochwald verborgene Teiche oder Quellen waren für die Menschen in der Vorzeit, für deren Nachkommen und für unsere Vorfahren immer heilige Orte

und magische Plätze der Kraft. An den Kultplätzen wurde gesungen, getanzt, gefeiert, es wurden rituelle Handlungen und Reinigungen vorgenommen, die Novizen getauft, das Wasser gesegnet.

Baumquellen sind ebenfalls besonders magische und geheiligte Stätten, wie etwa das Agnesbrünnl am Hermannskogel im Wienerwald, zu dem Priesterinnen, Eingeweihte, Wissende in Vollmondnächten zogen, um sich zu reinigen und sich mit der Kraft der großen Mondgöttin und der Mutter Erde aufzuladen.

Heilige Bäume und Haine

Für unsere naturverbundenen Vorfahren lebte der Geist der großen Göttin nicht nur in der geheiligten Form des Baumes. War der Weg zu einem heiligen Baum nur schwer zugänglich, galt der ganze Waldgrund als heilig und durfte nur von ausgewählten Priesterinnen und gesegneten Frauen betreten werden. Das galt ebenso für heilige Haine, wobei man unter einem Hain einen abgegrenzten Bezirk verstand.

Unter heiligen Bäumen schliefen die Kranken, die Suchenden. Den heiligen Bäumen wurden Opfer gebracht, Weihrauch wurde verbrannt. Jeden abfallenden Zweig legte man innerhalb der geweihten Stätte nieder. Wer einen dieser heiligen Bäume

nicht respektierte, ihn sogar beschädigte, wurde bestraft und manchmal aus der Gemeinschaft ausgeschlossen.
Unter grünen Bäumen errichtete man Altäre und Weihestätten. Neben Waldgründen waren es vor allem Hügel und Berge, die sich die Göttin als Göttersitz wählte. Von dort droben konnte ihre Stimme herabdringen, war ihr Blick frei und ungehindert auf alles Weltgetriebe. Den Bäumen wurden einst besondere Fähigkeiten zugeschrieben, sie wurden verehrt und geachtet und galten als Wohnsitze der Ahnen und guten Geister.
Der Baum schützt uns vor der Sonne, das Blätterdach vor Sturm und Regen. Der Baum strebt immer nach oben zum Licht, er leitet die Kraft des gleißenden Gestirns hinab in die Kraftfelder der Erde.
Bäume spielen bis auf den heutigen Tag eine große Rolle bei Festen, Feierlichkeiten und besonderen Ereignissen. Wir kennen den Maibaum, den Weihnachts- oder Christbaum, den Baum zum Richtfest, den Baum, den Eltern pflanzen, wenn ihnen ein Kind geboren wurde.

Kreuzwege und Weggabelungen

Dunkle Mächte und Dämonen lauern an Kreuzwegen oder sich überkreuzenden Pfaden – so fürchteten unsere Vorfahren, da es an solchen Abzweigungen verschiedene Richtungen gibt, von denen jede in die Irre führen kann. Tatsache ist: Unter vielen Kreuzwegen strömen sich gegenseitig behindernde Wasseradern, die ein negatives Störfeld erzeugen.
Gabelt sich ein Weg, breit oder schmal, übersichtlich oder verschlungen, ins Unterholz hinein, muss man den richtigen Weg

erspüren. Ein Weg kann der positive sein, der andere kann schaden, wenn man ihn gehen möchte. Manchmal muss man einfach einen Weg beschreiten, um herauszufinden, ob er einen in die richtige Richtung führt oder von etwas abhält, das schaden könnte. Wer sich unsicher ist, sollte einen Hund mitnehmen, denn Hunde sind Strahlenflüchter, das heißt, sie können den für Sie richtigen Weg spüren und Sie leiten.

Krafttiere

In der Mythologie der Völker spielen Tiere eine bedeutende Rolle: Sie wurden als gleichwertige Mitglieder des eigenen Lebenskreises angesehen, als beseelte Lebewesen und wichtige Begleiter bei schamanischen Riten und Zeremonien.
Tiere können Kräfte übertragen, Ängste und Schrecken weg- und abnehmen und sie auflösen, wenn die innere Bindung zu ihnen stark genug ist.
Krafttiere stehen uns bei, ob nun auf der realen, physischen oder auf der geistigen Ebene. Sie begleiten uns immer und überall – wir müssen es nur zulassen. Sie steigern und vermehren unsere Energie, empfinden und wissen, wo sie einspringen müssen, um uns beizustehen.
Die treuen und beständigen Gefährten der Seele, wie die Schamanen sie nannten, lassen Sie gerne an ihren Eigenschaften teilhaben: an ihrer Stärke, ihrer Weisheit, ihrem Mut. Sie werden auch alles tun, um Ihnen bei Ihrer geistigen und emotionalen Entwicklung weiterzuhelfen.
Begegnet Ihnen im Traum ein Löwe, gibt er Ihnen Stärke oder fordert Sie auf, Stärke zu zeigen, statt schwach zu werden, denn er steht Ihnen bei – im Alltag oder auf der Geistesebene. Fordert ein Wolf Sie im Traum auf, mit ihm und seinem Rudel zu rennen, ist das eine ernste Aufforderung an Ihr Selbst, sich nicht weiterhin abzukapseln, sondern sich den Menschen zuzuwenden, die in Ihrer unmittelbaren Nähe sind: nahe Angehörige, wohlmeinende enge Freundinnen oder Kolleginnen.

Es ist so einfach, mit Ihrem Krafttier Verbindung aufzunehmen. Das geschieht in Ihren Träumen, durch Blickkontakt mit einem Tier im Alltag, auf einem Bild, durch einen plötzlichen Gedankenblitz und eine Verbindung mit einer besonders gefühlvollen Erfahrung oder nachhaltigen Begegnung.
Sie werden es fühlen und wissen, wenn sich der Gedankenkreis schließt und Ihr Krafttier entweder wirklich erfahrbar ist oder im Geiste an Ihrer Hand knabbert.

Ihr persönliches Krafttier

Unser persönliches Krafttier kann uns bis zu unserem Tod begleiten und uns beistehen, wenn wir nach ihm rufen, oder es spürt, dass wir ohne es nicht mehr weiterkommen.
Eine der ältesten Methoden, Verbindung mit dem eigenen Krafttier aufzunehmen, überlieferten uns die Schamanen. Sie wählten ein oder mehrere Krafttiere, die ihnen als Hilfsgeister beistanden und sie auf ihren Reisen durch die Welten der Geister und Ahnen begleiteten.
Die Schamanen kannten zwei Arten von Tiergeistern: Krafttiere und Helfertiere. Krafttiere stehen einem Menschen ein ganzes Leben lang zur Verfügung, sind sozusagen auf Abruf bereit, während Helfertiere oder Helfergeister nur zu bestimmten Anlässen erscheinen und wirken.

Die Suche nach Ihrem persönlichen Krafttier

Die grundsätzlichen Eigenschaften, die wir einem Tier zuschreiben, finden sich auch in übertragener Bedeutung bei unseren Krafttieren wieder: Der Adler sieht zum Beispiel alles sehr klar mit seinem scharfen Blick und erkennt sofort die großen Zusammenhänge. Das Pferd galt dank seiner Beweglichkeit und Ausdauer einst als Tiersymbol des Übergangs ins Jenseits.
Eine der wichtigsten inneren Hilfsquellen – auch für die Suche nach dem inneren Krafttier – ist Ihre Intuition. Zusammen mit einem wachen und klaren Geist fällt Ihnen die Suche nach Ihrem Krafttier sicher nicht schwer.

Suche und Erweckung

Bei der Suche und Bestimmung Ihres Krafttieres gehen Sie behutsam und konzentriert vor, überstürzen nichts, achten auf Ihre Empfindungen und beobachten Ihre Reaktionen beim Anblick eines Tieres – vielleicht *Ihres* Tieres.
Möglich, dass Sie Hunde lieben, sich bei einem Besuch im Zoo von der Wildheit und Geschmeidigkeit eines Panthers faszinieren lassen, beim Anblick eines hoch fliegenden Bussards große Sehnsucht nach dessen flügelbewehrter Freiheit in sich aufsteigen spüren.
Neben Ihrem persönlichen Krafttier können Sie auch andere Krafttiere als ständige oder vorübergehende Begleiter wählen. Krafttiere sind da, wenn Sie ihre Hilfe brauchen. Sie werden Sie auch wieder verlassen, wenn es Ihnen wieder besser geht oder ein anderes Krafttier Ihren Weg kreuzt.

Unsere Energien fließen nicht immer gleich stark: Manchmal fühlen wir uns schwächer – eine Phase, in der wir uns nach dem Panther, Löwen oder Tiger und ihren Kräften sehnen und sie in uns einfließen lassen möchten. Dann kommt eine Zeit, in der wir nicht wissen, was mit uns los ist, sodass wir aus der Haut fahren könnten. Dann springt uns der Hase an, der sanfte, flauschige, anschmiegsame Hoppler, der Frieden gebietende Mümmelmann. Mit dem Ergebnis, dass sich die Wogen der See glätten und Ruhe in uns einkehrt.
In Zeiten der Einsamkeit erscheint auf einmal ein brummiger, herzensguter Bär, der Sie beschützt – auch vor sich selbst –, der Ihnen die Schätze und Kostbarkeiten der Natur zeigt und Sie im richtigen Umgang mit Ihren Gefühlen unterweist.

Krafttiere – Traumtiere

Wenn Sie sich lange mit der Suche nach Ihrem Krafttier beschäftigen und sich darum bemühen, werden Sie ab und zu auch von einem träumen oder unbewusst auf das für Sie bestimmte Tier hingewiesen. Erleben Sie in Ihren nächtlichen oder womöglich auch in Ihren Tagträumen immer wieder eine Begegnung mit dem gleichen Tier, haben Sie Ihr Haupttier gefunden. Es wird *Ihr* Krafttier sein, das Sie in Ihrem weiteren Leben begleiten, beschützen und betreuen wird.

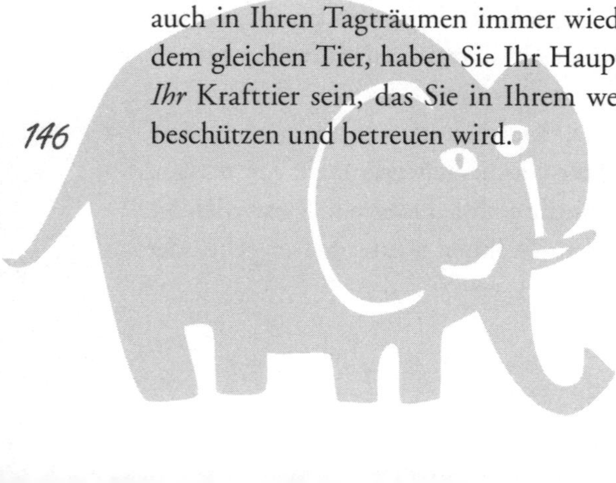

Eine Krafttier-Meditation

Begeben Sie sich an einem klaren Sommersonnentag zu Ihrem Lieblingsbaum, lehnen Sie sich an den mächtigen, kraftvolle Energie aussendenden Stamm und schließen Sie die Augen. Stimmen Sie sich auf den Energietakt des Baumes, auf seine Verbundenheit und Verwurzelung mit der Erde und mit dem Kreislauf der Natur ein.

Sollten sich die Bilder vor Ihrem geistigen Auge zunächst jagen und wild durcheinanderwirbeln, darf Sie das nicht aus dem Konzept bringen. Atmen Sie weiterhin ruhig und gleichmäßig ein und aus und fühlen Sie, wie Ihre Gedankenbilder allmählich zur Ruhe kommen – und auf einmal stillstehen.

Halten Sie kein Bild fest. Wünschen Sie sich einfach ein Tier herbei – *Ihr* Tier. Es kann einige Zeit dauern, bis es so weit ist, doch auf einmal werden Sie es sehen und spüren – es wird förmlich Besitz von Ihnen ergreifen. Sie werden seine Stärke und seine besonderen Eigenschaften in sich fühlen: Das kann die Treue des Hundes sein, die Lebensfreude des Delfins, die Ruhe und Ausgeglichenheit des Bärs. Ist es zum Beispiel der Bär, wissen Sie es sofort, ohne lang nachdenken zu müssen.

Nehmen Sie Ihr Krafttier an. Es beschützt Sie, es verleiht Ihnen besondere Fähigkeiten und Talente, fördert Ihre Begabungen und bringt Ihre inneren Quellen zum Fließen. Es kann Ihnen raten und beistehen; es hilft Ihnen, Ihre Lebensziele weiter zu verwirklichen, um sie zu erreichen, und das Negative vom Positiven zu unterscheiden.

Verinnerlichen Sie zum Beispiel das Bild und Symbol Ihres

Bären: Stellen Sie sich ein Bärenfoto auf. Finden Sie auf einem Flohmarkt eine Bärenkralle oder einen Bärenzahn, dann wissen Sie, dass die Kralle oder der Zahn nur auf Sie gewartet hat.

Verfahren Sie ähnlich mit anderen Krafttier-Begegnungen. Es kann für Sie eine wunderbare Erfahrung werden, die Sie niemals mehr missen möchten. Sie können Ihre Erfahrungen mit anderen Mondinnen teilen. Denn alles, was Menschen weiterbringt, ist es wert, weitergegeben zu werden.

Wie Sie Ihr Krafttier für sich einsetzen

Die Krafttier-Meditation hat Ihnen gezeigt, wie Sie Ihr Krafttier finden können. Je nach Lebenssituation oder körperlicher und seelischer Verfassung könnte Ihr Krafttier ein Löwe sein, wenn es Ihnen an Kraft, Mut oder Ausdauer mangelt; er gibt und fordert Selbstvertrauen. Oder ein Adler, wenn Ihnen der Überblick fehlt. Das Erscheinen einer Biene ermahnt Sie zu mehr Fleiß – oder es bestätigt Ihnen, diese Qualität zu haben. Ein Elefant fordert Sie zu Stabilität, Ruhe und Kraft, zu Geduld und Besonnenheit auf. Demut fordert der Esel von Ihnen, Sanftmut oder Einsicht in Gegebenes der Hase.

Durch die Meditation und das Anrufen Ihres Tieres können die besonderen Energien der verschiedenen Krafttiere in Sie einfließen. In problematischen Zeiten, wenn alles irgendwie aussichtslos erscheint, rufen Sie Ihr Krafttier zu Hilfe und bitten es um Beistand.

Ein Krafttier kann Sie ein ganzes Leben lang begleiten oder auch nur für einen kurzen Lebensabschnitt. Es kann sich von heute auf morgen von Ihnen verabschieden, weil es seine Auf-

gabe erfüllt sieht oder Sie ein anderes Krafttier in Anspruch nehmen wollen.
Wenn Ihnen etwas fehlt oder Sie glauben, es fehle Ihnen eine wichtige Eigenschaft, um Ihr Leben besser führen zu können, hilft Ihnen Ihr Krafttier, eben diese Eigenschaften zu entdecken oder zu entwickeln: Ob Sanftmut oder Entschlusskraft, Intuition oder Scharfsinnigkeit, Mut oder Nachsicht – verlassen Sie sich ohne Bedenken auf Ihr Krafttier. Sie werden erhalten, wonach Sie suchen. Sie müssen nur mit ihm in Kontakt treten (wollen) und sich von ihm führen und leiten lassen.

Die Bedeutung ausgewählter Krafttiere

Adler
Bewusstheit und Größe des Geistes. Erreicht die höchsten Höhen und überschaut alles, ihm entgeht nichts. Der stolze Adler kann Ihnen helfen, den Himmel zu erreichen, während Sie mit beiden Beinen fest auf der Erde verweilen. Ist der Adler im Flug behindert, ist Ihre Freiheit bedroht.
Bedeutung: Fliegen wie ein Adler.

Bär
Er ist weise, aber auch mütterlich und hilfreich. Er steht für das Erreichen von Zielen, für konsequentes Vorwärtsschreiten, ohne innezuhalten oder stehen zu bleiben. Er hilft Ihnen, nach innen zu schauen, wo alles, was Sie fürs Leben brauchen, aufbewahrt und verborgen ist; Sie müssen nur darauf zurückgreifen.
Bedeutung: Aus der Innenschau Kraft und Stärke gewinnen.

Biene
Sie haben allerseits den Ruf, sehr fleißig, eifrig sowie Meister der sozialen Organisation und der gemeinsamen Arbeit zu sein. Die Biene kann Ihnen helfen, sich einzuordnen, aber Ihnen auch das Vertrauen und den Sinn für die Gemeinschaft geben, die für Sie da ist.
Bedeutung: Gemeinsames Handeln bringt Sie weiter.

Büffel
Er verkörpert Stärke und Durchsetzung, teilt uns aber auch mit, dass wir nicht alles besitzen können, sondern mit anderen teilen sollten. Seine Erfahrung und sein Wissen helfen Ihnen, sich selbst mehr zu vertrauen und Ihre Ziele klar zu erkennen. Der Büffel zeigt Ihnen, dass alles in Ihnen selbst vorhanden ist.
Bedeutung: Stille Zuversicht wird belohnt.

Delfin
Er ist verspielt und heiter, intelligent und menschenfreundlich. Er ist Überbringer wichtiger Botschaften und Träger und Bewahrer vieler Geheimnisse. Der Delfin wird Ihnen behilflich sein, wenn Sie an einer Wegkreuzung angekommen sind und nicht mehr weiterwissen.
Bedeutung: Belebt Geist und Gemüt.

Eichhörnchen
Es ist sehr aktiv, wendig, kommunikativ; es plant weit voraus, um überleben zu können. Es kann sowohl unbekümmert als auch sehr besorgt und ein Meister der Vorsorge sein. Das Eichhörnchen lehrt Sie die Notwendigkeit, vorauszuplanen und sich

auf widrige Zeiten und Veränderungen richtig vorzubereiten.
Bedeutung: Vorausschauend planen.

Eule

Das Geschöpf der Nacht kann sehen, was andere nicht sehen. Die Eule ist verschwiegen, diskret und schnell und erkennt sofort, ob Gedanken wahr sind oder nicht. Sie ermuntert Sie, mit Veränderungen besser fertig zu werden und sich von keinem Menschen hintergehen zu lassen.
Bedeutung: Eine klare Sicht kann durch nichts getrübt werden.

Esel

Einer der ältesten und treuesten Freunde der Menschen. Er lehrt Sie Geduld, Nachsicht, Sanftheit und Demut. Im Gegensatz zur landläufigen Meinung ist der Esel gar nicht dumm. In vielen Kulturen gilt er als Symbol der Kraft und Vitalität. Mit einigen seiner Eigenschaften sind Sie in der glücklichen Lage, mit extremen Situationen besonders souverän umgehen zu können.
Bedeutung: Geduld erleichtert das Leben.

Frosch

Er lebt in der Wasserwelt und auf dem Lande. Er verändert mehrfach seine Gestalt, wechselt seine Umgebung und äußert sich ungehalten durch lautes Quaken, wenn Eindringlinge sich Zutritt zu seinem Reich verschaffen wollen. Im Märchen verwandelt er sich in einen schönen Prinzen. Seine Wandlungsfähigkeit hilft Ihnen, in Ihrer Entwicklung weiterzuschreiten und sich von negativem Ballast zu befreien.
Bedeutung: Mut zur Veränderung.

Hase
So klein und schwach er scheint, so listig und schnell ist er. Seine Furchtsamkeit wird oft mit Angst und Feigheit verwechselt – zu Unrecht. Der mutige Hase, der bei Mondlicht sehr gut sehen kann und sich im Gegensatz zu anderen Tieren auch vor dem Vollmond nicht scheut, hat viele Feinde. Wie kaum ein anderes Tier kann er Ihnen helfen, Ängste zu überwinden und mutig allen Widerständen zu begegnen.
Bedeutung: Immer wieder neues Leben schaffen.

Löwe
Er verkörpert geistige Kraft, Kreativität, Stärke, Macht, Ansehen, Mut, Großzügigkeit. Er kann Ihnen ein sehr guter Freund auf Lebenszeit werden, wenn Sie es schaffen, sich mit ihm zu arrangieren. Sie werden durch ihn erfahren, wie rasch Sie sich regenerieren können, wenn Sie ihn in Ihrem Leben zulassen. Wenn auch wild und ungestüm, so ist er doch grundehrlich und treu.
Bedeutung: Großzügigkeit im Denken öffnet Ihnen viele Türen.

Pfau
Er ist sich seiner Schönheit wohl bewusst und weiß, dass wohl kaum ein anderes Tier es ihm an Pracht, majestätischem Auftreten und kraftvollem Selbstbewusstsein gleichtun kann. Dem Pfau wird Eitelkeit nachgesagt – zu Unrecht, denn diese wunderbare Federpracht muss mit Würde und Größe getragen werden. Er lehrt Sie, Weisheit zu entwickeln und zu entfalten und Ihre Stärke zuzulassen.
Bedeutung: Bleiben Sie sich treu.

Pferd
Seit Jahrtausenden einer der engsten und treuesten Freunde und Begleiter des Menschen. Als Krafttier liebt es seine Freiheit, es ist stolz und unabhängig und steht seinen Freunden immer zur Seite. Wenn Sie mit ihm verschmelzen, erfahren Sie seine Lebenskraft und nehmen sie ganz in sich auf. Das Pferd lehrt Sie Ausdauer, zeigt Ihnen auf, wie man Freiheit umsetzt und die eigene Vitalität zulässt.
Bedeutung: Zu sich selbst finden.

Rabe
Ein geheimnisumwittertes Tier, verbunden mit dem Schicksal und der Magie der Vergangenheit. Durch seine Klugheit ist der Rabe manchen Menschen überlegen und foppt und narrt sie, wo er nur kann. Er taucht unerwartet auf und verschwindet wieder, ist dennoch überall gegenwärtig. Sie werden mit seiner Hilfe neue Realitäten schaffen und neues Land betreten.
Bedeutung: Sich auf besondere Veränderungen gefasst machen.

Reh
Das sanfte Reh ist nicht nur anmutig und schön, es ist obendrein stark, wendig und geschickt. Als Krafttier verbindet es Sie rasch mit Ihren inneren Kräften, verleiht Ihnen geistige Klarheit und das Wissen um neue geistige Pfade. Es wird Ihnen helfen, alte Erfahrungen mit neuem Wissen zu verbinden und aus beidem Nutzen zu ziehen.
Bedeutung: Erneuerung.

Schildkröte

Verkörpert Mutter Erde, ist geduldig, nachsichtig, kann sich zum Schutz in ihren Panzer zurückziehen. Das Tier ist wegen seiner Langlebigkeit ein Symbol für ein langes Leben und aufgrund seiner (Quasi-)Unverwundbarkeit ein Sinnbild kosmischer Ordnung. Die Schildkröte lehrt Sie Ausdauer im Zusammenspiel mit Ihren Kräften.
Bedeutung: Überstürzt handeln ist oft ein Fehler, langsam kommt man auch zum Ziel.

Schlange

Erneuerung und Verwandlung, Wiedergeburt und Auferstehung, das sind die Attribute der Schlange. Sie streift ab, was ihr nicht mehr nützt, damit Neues nachwachsen und entstehen kann, das von größerem Wert ist, nämlich Wandlung und Verjüngung. Die Schlange lehrt Sie, die Phasen der Ruhe ebenso anzunehmen wie die Jagd und die Suche nach Veränderung.
Bedeutung: Verwandlung durch Erfahrung.

Taube

Auffällig ist, dass Tauben meistens paarweise auftreten, weswegen die Taube auch als Symbol der Fruchtbarkeit, der Treue unter Ehegatten und für ein langes Leben steht. Als Krafttier lehrt die Taube Sie Beständigkeit sowie Treue gegenüber sich selbst und Ihren Überzeugungen, sollten die Anfechtungen von außen noch so groß sein.
Bedeutung: Treue gegen sich selbst.

Wolf

Seine Nase ist hundertmal feiner als die des Menschen und erkennt Gefahren, lange bevor überhaupt etwas zu sehen ist. Er ist nicht nur ein Raubtier, sondern auch ein Lehrer, ein starker Beschützer und Führer, der sich seiner sozialen Verantwortung für das Rudel wohlbewusst ist. Er kommt gut mit Veränderungen zurecht und kann zwischen scheinbaren und wirklichen Gefahren unterscheiden. Sie können sehr viel von ihm lernen, wenn Sie ihm mit allen Sinnen folgen.

Bedeutung: Wach und aufmerksam sein.

Die Kraft der Steine

Edelsteine und Kristalle sind nicht allein wegen ihres Wertes kostbar. Sie bergen in sich geheimnisvolle Kräfte, die eine wohltuende Ausstrahlung auf uns Menschen ausüben und unsere Schwingung harmonisieren und erhöhen. Es sind Schätze unserer Erde, einst verehrt als Boten göttlicher Schöpferkräfte, weil ihnen große Heil- und Segenskräfte zugesprochen wurden. Seit Jahrtausenden weiß man, dass Edelsteine und Kristalle kraftvolle Energiespender und Träger feinstofflicher, kosmischer, unzerstörbarer Energien sind. Richtig angewendet und eingesetzt, heilen oder lindern sie zahlreiche Beschwerden psychischer und körperlicher Art und verstärken geistige oder seelische Kräfte.

Magische Edelsteine und Kristalle

Achat
Stärkt die Organe der Fortpflanzung, steigert die körperliche Vitalität; er hilft, selbstbewusster zu werden, wirkt gegen Nervosität. Seine sanften Schwingungen lösen Blockaden und energetische Staus im Körper. In alten Zeiten war er als Talisman für eine gut verlaufende Schwangerschaft geschätzt und beliebt.

Amazonit
Beruhigt die Nerven, macht vital und gleicht das körperliche Energiefeld aus, löst Depressionen auf; er hilft, klare Entschei-

dungen zu treffen. Er verstärkt die geistigen Schwingungen bei der Meditation und potenziert die Essenz.

Amethyst

Er stabilisiert den Blutdruck, stärkt den Willen, regt die Fantasie an und verhilft zu den richtigen Freunden. Negative Erdstrahlen können durch einen Amethyst ferngehalten oder ganz neutralisiert werden. Mit einem Amethyst in der Tasche fliegen einem Sympathie und Zuneigung zu. Amethyste eignen sich sehr als Freundschaftssteine.

Aquamarin

Stärkt das Selbstbewusstsein, fördert die Konzentration, lässt Stress besser verarbeiten, verhilft zu Ausdruckskraft und Klarheit, fördert Liebesdinge, festigt die Partnerschaft.

Bergkristall

Schärft die Sinne, macht frisch, wach und klar; hilft, Gelerntes besser zu behalten und zu verarbeiten. Dem Bergkristall werden besondere magische Kräfte zugeschrieben. Er kann die Gedanken anderer Menschen klar erkennbar machen, Klarheit schenken, die Vitalität stärken und psychische Blockaden auflösen. Legt man ihn auf eine Körperstelle, stellt man den unterbrochenen Energiefluss wieder her.

Bernstein
Ein seit vielen Jahrhunderten begehrter und beliebter Heilstein. In der Hand angewärmt und liebkost, nimmt er Ängste, macht zuversichtlich und vermittelt Ausgeglichenheit. Weiter vermittelt er herzfrische Lebensfreude, bringt Licht und Wärme ins Gemüt, schenkt eine positive Ausstrahlung und stärkt die Entscheidungskraft. Ein Bernstein sollte unter fließendem, lauwarmem Wasser entladen und im Licht der Morgensonne langsam aufgeladen werden.

Chalzedon
Gibt Sicherheit und Stärke, vermittelt Gelassenheit, löst Sprechhemmungen und psychische Blockaden. Mit ihm als zugeneigter Begleiter gelingt es uns, unser seelisches Gleichgewicht zu bewahren und nicht abhängig von Launen zu sein.

Diamant
Er ist wohl weder ein alltäglicher Begleiter noch ein Schmuckstein, den sich viele von uns leisten können. Die glückliche Besitzerin wird von der großen Stärke und Ausstrahlungskraft eines Diamanten (er muss ja nicht lupenrein sein) jedenfalls enorm profitieren. Der Diamant als »Hüter des Geistes« kann zu klarem und selbstständigem Denken verhelfen. Wenn wir

unser Denken und Fühlen darauf richten, dass der Diamant mit uns seine Kräfte teilt, wird er uns immer unterstützen. Benutzen wir ihn hingegen als Objekt zum Protzen oder Angeben, verweigert er sich.

Granat

In alten Zeiten schätzte man ihn, weil er die Dämonen fernhielt und zuzeiten in unsichtbare Welten blicken ließ. Der Granat stärkt das Herz und reguliert den Kreislauf; legt man ihn aufs Herz, dämpft und beseitigt er jede Aufregung. Er wirkt aktiv auf die Fortpflanzungsorgane, steigert die Sexualkraft und behebt Erkrankungen der Geschlechtsorgane. Durch seine starke Kraft verhilft der Granat zu enormer Willenskraft und Selbstvertrauen.

Jade

Der Stein der Vollkommenheit. Er fördert die Meditation, beruhigt und vertieft die Gedanken, schenkt inneren Frieden und verhilft zu einem ruhigen Schlaf. Es ist sehr hilfreich, wenn Sie bei Albträumen oder Schlaflosigkeit, geistiger Unruhe oder Gemütsschwankungen einen Jadestein neben Ihrer Schlafstätte liegen haben.

Karneol

Er fördert Weisheit und Konzentration, bekämpft Depressionen, unterstützt die Durchblutung und lindert Unterleibsbeschwerden. Er hilft auch bei der Ausscheidung von Giftstoffen aus dem Körper. Konzentrationsschwierigkeiten können mit ihm behoben, Mut und Lebensfreude aktiviert werden.

Lapislazuli
Verleiht Gelassenheit und Vertrauen in die eigene Kraft. Als »Stein des Himmels« verehrten die ägyptischen Priesterärzte den Lapislazuli. An einer Kette oder in Körpernähe getragen, lindert er Regelschmerzen und hilft bei Krämpfen. In vielen Teilen der Welt ist er bekannt als Stein der Freundschaft, ja sogar der Liebe.

Malachit
Er lässt uns krankmachende Verhaltensweisen erkennen und zeigt uns Wege auf, diese zu ändern. Er sensibilisiert uns für unseren Körper und lehrt uns Eigenverantwortung. Er ist hilfreich bei Unfruchtbarkeit, wirkt entgiftend, stabilisiert den Kreislauf und stärkt unsere Sehfähigkeit. Mit dem Malachit überwinden wir unsere Ängste und gehen optimistisch in den Tag.

Mondstein
Von fast allen Steinen übt er die stärksten Kräfte auf die Frau, ihre Eigenschaften und ihr Wesen aus. Er ist der Stein der Frauen, der Weiblichkeit; er wird gern bei Hormonstörungen, Menstruationsbeschwerden und Störungen im weiblichen Zyklus angewandt und verleiht vor sowie während der Menstruation und in der Schwangerschaft sanfte Harmonie und Ausgeglichenheit. Der Mondstein fördert vor allem die Intuition und vertieft eine Versenkung oder Meditation, ohne vom Inhalt abzulenken. Er macht offen für spontane Einfälle, fördert das Traum-Erleben und nimmt Ängste.

Rosenquarz

Er unterstützt Herz und Kreislauf, ebenso die Eierstöcke der Frauen und kann zu Fruchtbarkeit verhelfen. An richtiger Stelle deponiert, besänftigt er Depressionen und verschafft einen guten Schlaf. Der Rosenquarz kann Liebeskummer lindern und Ängste auflösen.

Rubin

Wer an niedrigem Blutdruck leidet, ist mit einem Rubin gut beraten. Bei Menstruationsbeschwerden sollte er helfen, wenn man ihn auf die schmerzende Stelle platziert. Der Rubin ist nicht nur ein guter Schutzstein vor schlechten Einflüssen; ihm wohnt auch eine magische Heilkraft auf das Blut und die Blutgefäße inne. Er ist ein Glücksstein reinster Liebe und dient als Katalysator, damit sich Menschen ehrlich begegnen und verhalten. Rubine gelten schon seit Jahrhunderten als kraftvolle Schutzsteine und Bewahrer vor Lügen und Intrigen.

Saphir

Er besitzt die Eigenschaft, tief in unser Wesen vorzudringen und sich im Wesen eines Menschen ganz zu verästeln, bis jede Faser der Seele und des Körpers von ihm erfüllt ist. »Stein der Weisen«, so nannten ihn die Alten, weil er uns zur Wahrheit verpflichtet, zur Treue verhilft und zur Vernunft und Mäßigung mahnt. Außerdem bewahrt er uns vor heftigen, ungerechten Gemütsausbrüchen und verhilft zu einem klaren Blick.

Smaragd

Er löst nicht nur Ängste und Blockaden psychischer Natur auf, sondern fördert gleichzeitig die seelische Ausgeglichenheit. Seine Heilschwingungen galten schon in der Antike als verjüngend und lebensverlängernd. Er dient als vertrauter Helfer bei Geburten.

Tigerauge

Dieser Stein wirkt sehr positiv und heilend auf die Kopfregionen, sowohl geistig als auch körperlich, und regt die Gedanken an. Er stärkt den Energiefluss im Kreislauf, verleiht Kraft und Mut, beruhigt die Nerven, schenkt Ausgeglichenheit und schärft die Sinne.

Türkis

Er gilt als starker und mächtiger Schutzstein für Reiter und Pferde, auch für das Flugpersonal. Er verleiht Selbstsicherheit, wenn er direkt am Körper getragen oder in Herznähe aufbewahrt wird. Meint es jemand nicht gut mit Ihnen oder will er Sie schädigen, kann der Türkis dies wirkungsvoll absorbieren, denn er schützt auch vor dem »bösen Blick«. Fällt der Türkis auf die Erde, zerspringt oder zerbricht der Stein, dann geben Sie ihn wieder der Erde zurück, die ihn einst für Sie mit Kraft und Energie aufgeladen und gestärkt hat.

Zirkon

Ein Stein, der zerstrittene Menschen miteinander versöhnt und mit ihren inneren Kräften wieder in Einklang bringt. Er hilft, mit Albträumen umzugehen und sie ins Positive aufzulösen.

Die Wochensteine

Montag:	Smaragd, Chalzedon
Dienstag:	Topas, Amethyst
Mittwoch:	Jaspis, Smaragd
Donnerstag:	Saphir (dunkel), Türkis, Granat
Freitag:	Diamant, Beryll
Samstag:	Onyx, Indischer Saphir
Sonntag:	Rubin

• • •

Wie Sie Ihren persönlichen Edelstein finden

Sie werden es nicht glauben, bis Sie es selbst ausprobiert haben: Wenn Sie für ein bestimmtes Anliegen, zum Erkennen des richtigen Weges bzw. zur Lösung eines Problems einen bestimmten Stein oder Kristall brauchen, findet er aller Wahrscheinlichkeit nach von ganz allein zu Ihnen. Entweder eine gute Freundin bringt Ihnen einen Lapislazuli von einer Urlaubsreise mit, oder Ihr Stein oder Kristall »fällt« Ihnen beim Bummeln durch die Stadt förmlich in die Hände. Haben Sie Ihr Kleinod gefunden oder ist es Ihnen entgegengekommen, bewahren Sie es gut in Ihrer unmittelbaren Nähe auf, denn es ist gerade *jetzt* der richtige Energiespender für Sie.

Wenn Sie ihn am Abend aus der Hand- oder Hosentasche neh-

men und ihn neben Ihr Bett legen, sind Sie ständig mit ihm verbunden: Es wird Ihnen beiden guttun.
Sollten Sie Ihren Stein oder Kristall verlieren, grämen Sie sich nicht. Sie werden ihn nicht mehr brauchen; er »wandert« weiter zu einem anderen Menschen, dem er ebenfalls gute Dienste leisten wird.

Sorgsamer Umgang mit Edelsteinen

Edelsteine müssen von Zeit zu Zeit gereinigt werden, um sie erneut mit positiven Schwingungen aufzuladen oder um die Energien anderer Menschen, welche die Steine angefasst oder berührt haben, zu entfernen.
Kristalle nehmen auch Schwingungen aus der Umgebung auf. Legt man sie in die Sonne, gewinnen sie mehr Energie und Wirkkraft.
Einfach reinigen kann man sie unter fließendem Wasser.
Die Energie eines Steines oder Kristalls verstärkt sich, wenn er zu einem gleichschwingenden Stein gelegt wird.

• • •

Die richtige Stunde

Wenn Sie einen zu Ihnen passenden Edelstein oder Kristall gezielt erwerben oder bearbeiten lassen möchten, sollten Sie das zum richtigen Zeitpunkt tun. Das Wissen um die Qualitäten von Tag und Stunde hilft Ihnen, den Stein mit der für Sie bestimmten Schwingungsenergie zu finden. Orientieren Sie sich hier wiederum an der Tabelle »Die Regenten der Tage und Stunden« (siehe im Anhang).

Stunde des Mondes
Aquamarin, Mondstein, Opal, Perlen, Smaragd (Vollmond)

Stunde des Mars
Alexandrit, Granat, Hämatit, Koralle, Magnetstein, Rubin

Stunde des Merkur
Achat, Bernstein, Beryll, Heliotrop, Karneol, Tigerauge, Topas

Stunde des Jupiter
Amethyst, Blutjaspis, Chalzedon, Lapislazuli, Saphir, Türkis

Stunde der Venus
Achat, Karneol, Rhodorit, Rosenquarz, heller Saphir

Stunde des Saturn
Malachit, Onyx, dunkle Perlen, Rauchtopas

Stunde der Sonne
grüner Achat, Bergkristall, Goldtopas, Rubin, Sonnenstein

Die Kraft und Wirkung von Symbolen

Die Erde selbst ist ein Symbol, ebenso die Sonne, der Mond, unsere Planeten. Symbole sind allgegenwärtig: in der Natur, im täglichen Leben, in uns selbst. Oft sind wir uns nicht bewusst, welche ungeahnten Kräfte in ihnen stecken. Wir leben nicht nur in einer Welt von Symbolen – eine Welt von Symbolen lebt auch in uns. Von alters her ist das Symbol für den Menschen auch immer ein Zeichen der Verknüpfung des Sichtbaren mit dem Unsichtbaren. Symbole verkörpern oft tiefgründige Wahrheiten. Sie tragen spezielle Bedeutungen, können Informationen vermitteln und uns durch ihre starke Aussagekraft neue Wege aufzeigen.

Eigene Symbole entwickeln

Für den einen Menschen kann ein Zeichen symbolisch sein, während es für den anderen völlig unverständlich ist oder sogar nichts bedeutet. So kann ein einfaches Bild, ein zufällig gefundener Stein, eine Zahl, die Ihnen häufig begegnet und mit einer besonders glücklichen Erfahrung verbunden ist, durch die emotionale Energie, die Sie in *Ihr* Symbol hineinstecken, für Sie besondere Kräfte gewinnen und diese verstärkt wieder zurückgeben.

Entscheidend für Sie ist, herauszufinden, was ohne Einschränkung zu Ihnen passt und Ihnen ein Gefühl der Verbundenheit mit eben diesem Symbolgegenstand vermittelt. Eigene Symbole

kommen immer ganz tief aus dem Innern und haben mit uns selbst zu tun.
Durch ein Symbol, das wie für Sie geschaffen ist, kommen Sie in Berührung mit Ihren inneren Kraftquellen. Lernen Sie, sie zu nutzen; es wird Ihnen helfen, Ihre Persönlichkeit zu entfalten und weiterzuentwickeln.

Symbole und Zeichen von A bis Z

Achteck

Die Acht steht symbolisch für die Ewigkeit; die liegende Acht gilt in der Mathematik als Zeichen für die Unendlichkeit. Achteckig ist die Zaubertrommel der Schamanen. Auf dem sogenannten Oktogon (griech. okto, d.h. acht; gonia, d.h. Winkel) wurden von den frühen Christen Begräbniskirchen gebaut. Die Acht ist wie die Vier ein Ganzheitssymbol und deutet auf Vollständigkeit hin. Acht Speichen hat das buddhistische Rad, acht Blätter die Lotosblüte.

Apfel

Er ist ein uraltes Zeichen weiblicher Wandlungsmacht, Weisheit und Erkenntniskraft. In vielen Mythen gehört er zur Unter- bzw. Anderswelt, in der die Göttin das Mysterium der Wiedergeburt hütet. Auf der keltischen Jenseitsinsel Avalon, gemäß der Volksüberlieferung auch im Garten Eden (in der Bibel wird allerdings nur von einer »Frucht« gesprochen) und bei Frau Holle – immer ist es der Apfelbaum, dessen Früchte zyklische Erneuerung, Wissen und ein erfülltes Leben versprechen.

Baum

Zwischen Baum, Stein und Quelle sahen unsere Ahninnen eine enge Verbindung. In der Mythologie heißt es: Der Baum ist das Kind des Steins, der durch die Quelle gespeist wird. An Stein, Baum und Quelle wird die Entstehungsgeschichte der Welt geknüpft. Und dementsprechend ist auch die Muttergöttin an solchen Orten verehrt worden. In manchen Legenden heißt es, dass in früherer Zeit jedes Kind seinen eigenen Baum gehabt habe, aus dem es einmal gekommen sei und den es zeit seines Lebens immer wieder im Wald besuchen konnte.

Blume

Symbolisiert weibliche Schönheit, je nach Blüte auch die Sonne. Da sie rasch verblüht, ist sie auch ein Symbol der Vergänglichkeit. Die Blüte steht für den zu voller Spiritualität erwachten Geist. Sie gehört von jeher zur großen Göttin, unterstreicht aber auch die blühende Lebenskraft, die der schöpferischen Jungfrau eigen ist.

Die Symbolik der Blütenfarben:

Weiß:	Unschuld, Reinheit, Vollkommenheit
Rot:	Blut, Kraft, Vitalität
Blau:	Geheimnis, Hingabe
Gelb:	Sonne, Gold, Licht, Wärme
Grün:	Farbe des Lebens, Hoffnung, Freude

Drache

(siehe Schlange)

Dreieck
Zeigt die Spitze nach oben (Symbol des Feuers), repräsentiert es das männliche Prinzip, weist sie nach unten (Symbol des Wassers), das weibliche Prinzip. Beide Dreiecke zusammen bilden die Schöpfungskraft des Kosmos. Das Dreieck galt im Altertum als Lichtsymbol.

Fisch
Er verkörpert die spirituelle Seite unserer Persönlichkeit und ist zugleich ein Symbol des Lebens und der Fruchtbarkeit, aber auch des Todes. Er wird in Zusammenhang gebracht mit der Muttergottheit, dem Mond und den urzeitlichen Wassern, aus denen alles Leben entstand.

Haar
Im späteren Mittelalter werden die Haube und der Haarknoten der verheirateten Frau zugeordnet. Das Tragen des offenen Haars galt als Zeichen der Jungfrau. Auch in der griechischen Antike wurden die für Geburtshilfe zuständigen jungfräulichen Göttinnen mit gelöstem Haar dargestellt, während hochgebundene Haare zusammen mit einer Haube zur Berufstracht der oft verheirateten Ammen und zu den für Fruchtbarkeit und Nahrung zuständigen mütterlichen Göttinnen gehörten.

Herz
Das Herz gilt als Sitz der Seele, Liebe, Freude und Lebenskraft.

Kreis
Symbol der Ganzheit. Da der Kreis in sich selbst zurückführt,

ist er auch ein Symbol der Einheit, des Absoluten und der Vollkommenheit. Er verkörpert den ewigen Kreislauf des Lebens, die Sonne und den Mond sowie die Erde.
In der Magie gilt er als wirksames Symbol zum Schutz vor bösen Geistern und Dämonen. Alte Kultanlagen wie Stonehenge oder Avebury (England) oder der Steinkreis von Curragh (Irland) wurden in Kreisform angelegt. Ritualplätze weisen meist eine Kreisform auf, seltener ein Oval oder etwa ein Quadrat.

Labyrinth

Wie die Spirale war das Labyrinth immer auch ein Sinnbild des Werdens und Vergehens, der Wiedergeburt, des Weges durch den Tod hindurch, des Durchgangs zu neuem Leben, der Wandlung und Erneuerung. Wenn es nicht nur auf den Boden gezeichnet war, sondern Wände hatte, wie beispielsweise im Palast von Knossos auf Kreta, dann wurde der lange und gewundene Weg in die Mitte – wie in der berühmten Sage des Minotaurus, dem hier die Jungfrauen geopfert wurden – zu einem einsamen Gang in die Dunkelheit der Angst und in die Tiefen des eigenen Seins. Wer diese Herausforderung auf sich nahm und erfolgreich bestand, ging verwandelt und erneuert daraus hervor.

Löwe

Der Löwe, König der Tiere auf Erden, ist ein Symbol für Macht, Stärke und Mut, ein Sinnbild für physische sowie geistige Kraft und Kreativität, zugleich für die Sonne. Er verkörpert das Königtum und wird oft auf Wappen dargestellt. Wie dem Adler wird auch dem Löwen nachgesagt, er könne in die Glut der Sonne schauen, ohne zu blinzeln.

Mandala
Das altindische Wort »Mandala« bedeutet »Kreis«. Mandalas dienen im Hinduismus als Meditationsbilder und symbolisieren das Universum. Die verschiedenen darin enthaltenen Formen symbolisieren bestimmte kosmische Kräfte, Gottheiten oder Aspekte des Göttlichen. Ein Mandala kann bei dessen konzentrativer Betrachtung eine Veränderung oder Erweiterung des Bewusstseins bewirken.

Meer
Symbol für das Unbewusste, das Unergründliche, die unerschöpfliche Lebenskraft, die Tiefgründe des Lebens. Für den einfachen menschlichen Blick ist das Meer mit seiner unermesslichen Fläche wie ein Blick in die eigene Seele: dunkel und geheimnisvoll. Das Meer ändert sich jeden Tag, es tobt, rollt, besänftigt sich, es ruft, wehrt ab, lockt in seine Untiefen, befreit von Enge und zeigt Wege für das Neue auf.

Mond
Die »Sonne der Nacht« verkörpert den ständigen Wechsel von Licht und Dunkelheit, von Sterben und Neuerstehen. Die verschiedenen Mondphasen stehen mit den Lebensrhythmen auf der Erde in enger Verbindung. Der Mond wird auch verstanden als Symbol des Unbewussten, der Empfänglichkeit. Als weibliche Gottheit, als Muttergöttin, als Himmelskönigin genießt der Mond auf der ganzen Welt große Verehrung. Überall ist er das Symbol für Werden und Vergehen, für Erneuerung und Fruchtbarkeit, für Tod und Auferstehung.

Muschel
Ein Symbol für die weibliche Vulva, für das weibliche Prinzip. Die Muschel gilt als mondhaft, als Symbol für das ewige Leben. Als im Wasser lebendes Wesen verbindet sie die sexuelle Symbolik mit Zeugung und Fruchtbarkeit. Die Halbschale der Muschel sucht auch immer wieder und unendlich nach ihrer anderen Seite.

Neun
Die kosmische Ordnungszahl Neun geht auf genaue Beobachtungen zeitlicher Abläufe und Prozesse zurück und ist wie die Drei eng mit dem Mond und seinen Rhythmen und Phasen verbunden. Dies zeigt sich daran, dass sie sowohl der Anzahl der Schwangerschafts-Mondmonate entspricht wie auch der Zahl von Sonnenjahren, die der Mond von einem Wendepunkt seiner Himmelsbahn zur anderen braucht. In 18,6 Jahren wandert er von seiner höchsten zur tiefsten Position. Nach jeweils neun Jahren wendet er seinen Lauf.

Quadrat
Der Gegensatz zum Kreis. Es begrenzt das Irdische; es schließt ab, »rahmt« ein; es symbolisiert die vier Himmelsrichtungen und zeigt die Grenzen auf. Es lässt keine Experimente zu, es ordnet ein und ordnet zu; es steht für Erde, Festigkeit, Ordnung. In einem Quadrat empfindet man Sicherheit. Es ist das Sinnbild des Begrenzten, des Überschaubaren, des Berechenbaren.

Rad
Es steht für Wiederbeginn, Erneuerung und ist ein Symbol der Bewegung, des menschlichen Lebenslaufs, aber auch ein Sinn-

bild der Vergänglichkeit. In vielen Kulturen ist das Rad ein Symbol der leuchtenden Sonne. Besondere Formen des Rades sind das Mandala und das Rad des Glücks.

Regenbogen
In fast allen Kulturen das Symbol der Verbindung zwischen oben und unten, Himmel und Erde. Nach der Sintflut ließ Gott, der Schöpfer des Alls, einen Regenbogen am Himmel erscheinen als Zeichen der Versöhnung mit der gesamten Menschheit. In Märchen und Sagen findet der Glückliche am Ende eines Regenbogens einen Schatz oder die für ihn endgültige Wahrheit. Der Anblick eines Regenbogens bringt immer großes Glück und verheißt die Erfüllung lang gehegter Wünsche.

Ring
Symbol von Ewigkeit, Unbegrenztheit und Treue. Ein Ring verbindet, schließt ein, grenzt aber auch aus. Ringe schützen vor Feinden und Krankheiten. Sie versprechen Freundschaft und ewigen Beistand. Verliert man einen Ring, bedeutet das großes Unheil oder den Verlust einer innigen Liebe. Durch seine Kreisform wurde dem Ring auch eine magische Kraft zugeschrieben. Im Nibelungenlied entreißt Siegfried Brunhilde mit Ring und Gürtel auch die Zeichen ihrer übernatürlichen Kraft.

Rose

Sie entstand, als das Universum sich seiner Unendlichkeit bewusst wurde und darüber erschrak: Daraufhin zog es sich wieder zusammen und suchte eine Form, die allem Lebendigen im weiten All zugänglich war. So entstand die Liebe für die Schöpfung und das Leben. Seit dieser Zeit ist die Rose das Symbol für die Liebe und für das Weibliche in seiner anmutigsten Form.

Rute

Symbol für Stab, Stock und Stecken, im weiteren Sinne Lanze; auch ein Zeigeinstrument ins Reich des Unbewussten.

Schlange

Eines des ältesten und vielschichtigsten Tiersymbole. Sie verkörpert Fruchtbarkeit, Sexualität, Erneuerung und Versuchung, ist aber auch ein Wandlungs- und Heilsymbol. In vielen archaischen Kulturen wird sie als Symbol der Unterwelt und des Totenreiches aufgefasst. Wie der Drache verkörpert die Schlange in den asiatischen Kulturen Schöpferkraft und Weisheit. Die jährlich sich häutende Schlange ist seit ältester Zeit ein heiliges Tier der zyklischen Göttin. Sie symbolisiert weibliche Wandlungsmacht, aber auch das weibliche Begehren nach Erkenntnis.

Sonne / Stern

Ein bei vielen Völkern wichtiges Symbol. Die »unsterbliche« Sonne als Quelle des Lichts und des Lebens symbolisiert wegen ihres täglichen Auf- und Niedergangs das Göttliche, das Licht, die Wärme, das Leben, den Tod und die Wiedergeburt.

Spirale

Symbol für Außen- und Innenbezug, auch Motiv für die Mondphasen und ihren Einfluss auf das Wasser, die Fruchtbarkeit und das Leben. Die Spirale ist eine Manifestation der Energie in der

Natur und symbolisiert das Kreisen der Seele, die irgendwann zur Wahrheit und zur Mitte zurückkehrt. In manchen Kulturen stand die Spirale für den Lebens- und Entwicklungsweg eines Menschen und seiner Zeit von der Geburt bis zu seinem Tod.

Wald

Ein heiliger, geheimnisvoller, undurchdringlicher, unbekannter Bereich, in dem gute und böse Geister und Fabelwesen, Dämonen, Elfen, Feen, Hexen, Zwerge, Drachen, Ungeheuer, Riesen, Bären, Löwen leben und hausen. Es sind harmlose, aber auch gefährliche Wesen, neben den vielen Tieren, für die der Wald Heimat ist. In der Psychologie steht der Wald für das Unbewusste, für die Tiefe der Seele, für ein Reich neuer Erfahrungen. Im Märchen ist der Wald ein Ort der Prüfung, der »Reifeprüfung« und der Initiation sowie der dunklen Pfade, die der bewusste Mensch nur zögernd betritt.

Wolken

Symbol der Verhüllung und Verschleierung, aber auch Teil des Himmels, Wohnsitz der Götter. In China Symbol des Glücks und des Friedens. Der syrische Sturm- und Wettergott Baal trug den Beinamen »Wolkenreiter«. Als Regenbringer sind Wolken auch ein Fruchtbarkeitssymbol.

Y

Symbol für die Wünschelrute, mit der Wasser und Bodenschätze gesucht werden, aber auch für die nach oben strebenden, die Gabel bildenden zwei Finger, welche Energie aus den unendlichen Himmeln beziehen.

Die Regenten der Tage und Stunden

Wochentag:		So Sonne	Mo Mond	Di Mars	Mi Merkur
Stunde:					
1.	6 – 7	Sonne	Mond	Mars	Merkur
2.	7 – 8	Venus	Saturn	Sonne	Mond
3.	8 – 9	Merkur	Jupiter	Venus	Saturn
4.	9 – 10	Mond	Mars	Merkur	Jupiter
5.	10 – 11	Saturn	Sonne	Mond	Mars
6.	11 – 12	Jupiter	Venus	Saturn	Sonne
7.	12 – 13	Mars	Merkur	Jupiter	Venus
8.	13 – 14	Sonne	Mond	Mars	Merkur
9.	14 – 15	Venus	Saturn	Sonne	Mond
10.	15 – 16	Merkur	Jupiter	Venus	Saturn
11.	16 – 17	Mond	Mars	Merkur	Jupiter
12.	17 – 18	Saturn	Sonne	Mond	Mars
1.	18 – 19	Jupiter	Venus	Saturn	Sonne
2.	19 – 20	Mars	Merkur	Jupiter	Venus
3.	20 – 21	Sonne	Mond	Mars	Merkur
4.	21 – 22	Venus	Saturn	Sonne	Mond
5.	22 – 23	Merkur	Jupiter	Venus	Saturn
6.	23 – 24	Mond	Mars	Merkur	Jupiter
7.	24 – 1	Saturn	Sonne	Mond	Mars
8.	1 – 2	Jupiter	Venus	Saturn	Sonne
9.	2 – 3	Mars	Merkur	Jupiter	Venus
10.	3 – 4	Sonne	Mond	Mars	Merkur
11.	4 – 5	Venus	Saturn	Sonne	Mond
12.	5 – 6	Merkur	Jupiter	Venus	Saturn

Do Jupiter	Fr Venus	Sa Saturn
Jupiter	Venus	Saturn
Mars	Merkur	Jupiter
Sonne	Mond	Mars
Venus	Saturn	Sonne
Merkur	Jupiter	Venus
Mond	Mars	Merkur
Saturn	Sonne	Mond
Jupiter	Venus	Saturn
Mars	Merkur	Jupiter
Sonne	Mond	Mars
Venus	Saturn	Sonne
Merkur	Jupiter	Venus
Mond	Mars	Merkur
Saturn	Sonne	Mond
Jupiter	Venus	Saturn
Mars	Merkur	Jupiter
Sonne	Mond	Mars
Venus	Saturn	Sonne
Merkur	Jupiter	Venus
Mond	Mars	Merkur
Saturn	Sonne	Mond
Jupiter	Venus	Saturn
Mars	Merkur	Jupiter
Sonne	Mond	Mars

- *Dem Wochentag kommt besondere Bedeutung zu, wenn Sie mit Pflanzen oder Edelsteinen arbeiten möchten. Denn je nach Tag und Stunde regiert ein anderer Planet bzw. Himmelskörper über die Schätze der Natur und prägt die Intensität ihrer Zauberkraft und Heilwirkung.*

- *Die Tagesstunden rechnet man von Sonnenaufgang bis Sonnenuntergang, die Nachtstunden von Sonnenuntergang bis Sonnenaufgang. Im Sommer sind die Planetentage länger als die Planetennächte. Im Winter ist es umgekehrt – nur zur Zeit der Tagundnachtgleiche dauern sie gleich lang.*

- *Während der Sommerzeit müssen Sie in der Tabelle um eine Stunde zurückgehen, um den richtigen Regenten zu finden.*

Die wichtigsten Göttinnen

Ambeth

(auch Anabet, Ainbeth, Ainbetta, Aubet, Einbeth, Embede, Ombath)

Sie galt als Fruchtbarkeitsgöttin innerhalb der keltischen Göttinnen-Trinität, der sogenannten Bethen (siehe dort). Sie steht für das sich stetig erneuernde Leben. »Ana« ist eine Art Ursilbe für »Mutter« und steckt beispielsweise in den Namen Diana oder Anna. »Beth« ist ein Wort für »Erde« und für »Ewigkeit«. Sie bildet den Höhepunkt der göttlichen Dreifaltigkeit. Ihre Symbolfarbe ist das Rot des Blutes. Ihr Symboltier ist die den Kreislauf und die Wandelbarkeit des Lebens verkörpernde Schlange, die später zum Lindwurm oder Drachen wurde. Ein weiteres Symbol der Ambeth war der Kessel der Fülle, der auf manchen Darstellungen als Schüssel, Topf oder Kelch erschien. Ihre katholischen Erbinnen sind Margaretha, Maria und Maria Magdalena.

Anahita

Als Vertreterin des »Weltflusses« war Anahita innerhalb des Zoroastrismus, einer Religion, die zwischen 1800 bis 600 v. Chr. in Persien verbreitet war, eine der wichtigsten Gottheiten. Sie gilt als Wahrerin der Weisheit, Schützerin des Samens, der Gebärmutter und der Mutterschaft. Anahita erscheint als schönes junges Mädchen und trägt Gold und eine Sternenkrone. Ihr Wagen wird von vier Pferden gezogen: dem Wind, den Wolken, dem Regen und Schneeregen.

Aphrodite (röm. Venus)
In der griechischen Mythologie ist sie die Göttin von Liebe und Schönheit und gehört zu den wichtigsten zwölf Gottheiten. Ursprünglich war sie zuständig für Fruchtbarkeit, Wachsen und Entstehen. Aphrodite ist die Tochter des Uranos. Dessen Sohn Kronos schnitt ihm auf Rat seiner Mutter Gaia, der Erdmutter, die Geschlechtsteile ab und warf diese ins Meer. Daraus wurde Aphrodite geboren, was ihr den Beinamen »die Schaumgeborene« einbrachte. Der Windgott Zephyros führte sie übers Meer nach Kythera, dann an die Küste von Zypern. Später nahm Göttervater Zeus sie im Olymp als seine Tochter an. Mit der Göttermutter Hera und Athene bildete sie ursprünglich eine weibliche Trias.

Ariadne
Die Tochter des kretischen Königs Minos und seiner Gemahlin Pasiphae galt auf der griechischen Insel als Fruchtbarkeitsgöttin. Als solche wurde sie auch auf den Inseln Naxos, Delos und Zypern sowie in Athen verehrt.
Sie half dem Helden Theseus gegen den Minotaurus: Das blutdürstige Mischwesen aus Stier und Mensch war der Liebesbeziehung Pasiphaes zu einem Stier entsprungen. Es wurde in einem Labyrinth gefangen gehalten. Ariadne gab Theseus die Waffen an die Hand, mit der er den Minotaurus besiegen konnte: ein geweihtes Schwert und einen selbst gesponnenen Wollfaden, mit dessen Hilfe Theseus aus dem Labyrinth herausfand.
Im Mythos wurde sie später zur Braut des Wein- und Fruchtbarkeitsgottes Dionysos.

Artemis (röm. Diana)
Die Zwillingsschwester des Apollon ist in der griechischen Mythologie die Göttin der Jagd und des Waldes und Beschützerin der Frauen und Kinder. Auch sie gehört zu den wichtigsten zwölf olympischen Göttern. Gelegentlich wurde sie mit der Mondgöttin Selene gleichgesetzt, später mit Hekate und in der römischen Kaiserzeit mit verschiedenen Göttinnen, vor allem als Mondgöttin mit der Isis.
Eine Sonderform der Artemis ist die sogenannte Artemis Ephesia in dem ihr geweihten berühmten Tempel im heute türkischen Ephesos, der als eines der sieben Weltwunder galt. Ihre Statue stellt sie bedeckt mit Brüsten (in einer anderen Interpretation mit Stierhoden) dar: als Ernährerin und Fruchtbarkeitsgöttin.

Athene (röm. Minerva)
Die Göttin der Weisheit und des Kampfes ist Schutzgöttin und Namensgeberin der Stadt Athen und galt ihrem Vater Zeus, dessen Kopf sie entsprungen war, als durchaus ebenbürtig.
Sie wird immer in vollem Kriegerinnenornat dargestellt und gilt darüber hinaus als Schirmherrin der Künste und der Wissenschaften. Athene beschützte auch Spinner, Weber und andere Handwerker.

Barbara

Katholische Erbin der Borbeth (siehe dort).

Bethen, drei
Die drei Bethen stehen für die keltische Göttinnen-Trinität, die im gesamten mitteleuropäischen Raum sowie auf den Bri-

tischen Inseln verehrt wurde. Das Verb »beten« leitet sich von ihnen ab. »Zu den Bethen gehen« bedeutete ursprünglich, sich mit einem Wunsch, einer Frage oder eine Sorge an die weisen Frauen zu wenden.

Die drei Bethen heißen Ambeth, Wilbeth und Borbeth und später Einbeth, Wilbeth und Warbeth, Spes, Fides und Caritas (lat. Hoffnung, Glaube/Treue und Fürsorge/Liebe) oder Barbara, Margarete und Katharina. Sie bildeten die göttliche Triade als Erd-, Mond- und Sonnenfrau und galten als Helferinnen und Verbündete der Schwangeren und der Mütter sowie als Leitbilder und Lehrmeisterinnen für alle Frauen.

Borbeth

(auch Cubet, Gberbet, Gwerbet oder Warbede)

Sie spiegelte den Aspekt der Beschützerin und Heilerin innerhalb der keltischen Göttinnen-Trinität der drei Bethen.

Ein Bestandteil ihres Namens ist das keltische Wort »borm« (d.h.: wärmen) und symbolisiert den Schoß der Erdmutter. Hier vermuteten die Kelten ihre »Anderswelt«, den vorübergehenden Aufenthaltsort der Seelen der Verstorbenen bis zur Wiedergeburt. Borbeth war mit der Sonne und viel mehr mit dem Mond – dem typisch Weiblichen schlechthin – verbunden. Das Bild vom Lebensbeginn im dunklen Bauch der Mutter spiegelt sich im Glauben der Kelten, für die die Nacht der Beginn des Tages war, der Winter der Beginn des Jahres, der dunkle Neumond der Beginn des Mondzyklus. Dabei war das Dunkel nie unheimlich, sondern bot Ruhe und Geborgenheit. Erhalten hat sich das Bild der Borbeth auch im Märchen der Frau Holle.

Brigid

Sie war die Göttin des Feuers und der Fruchtbarkeit, die auch als die Beschützerin gegen die Kräfte der Finsternis galt. In ihrem Namen schwingt die Bedeutung »strahlend« und »hell« mit (engl.: bright). Brigid war in Irland die Schutzherrin von Vieh und Ernte. Sie lehrte den Menschen alles, was er brauchte. Zusammen mit ihren beiden Schwestern war sie eine der drei göttlichen Jungfrauen. Ihr zu Ehren flocht man im Februar Strohkreuze, die man brennend die Berge hinunterwarf. Ihr Feuer sollte das Eis zum Schmelzen und Fruchtbarkeit bringen. Die Quellen der heiligen Brigid galten als besonders heilkräftig.

Ceridween

Eine machtvolle keltische Göttin des Todes, der Wiedergeburt, der Astrologie, Magie und Kräuterweisheit ist die in Wales und Cornwall verehrte Ceridween. In ihrem Kessel brodelt die Ursuppe. Beim Rühren entstehen unentwegt neue Gedanken. Der Kessel steht im übertragenen Sinn für den Bauch dieser Göttin, aus dem alles Leben kommt. Ein Trank daraus, so hieß es, soll Leib und Seele heilen.

Frau Holle

Ursprünglich eine germanische Erd- und Himmelsgöttin, hat sie im Märchen bis heute überlebt. Als Hel wohnt sie auch im Inneren des Berges. Brunnen, Teiche und Quellen führen in ihre Welt hinunter. Das Wasser aus ihren heiligen Quellen machte fruchtbar. Man erzählte sich, die Sonne beginne zu strahlen, sobald sie ihr goldenes Haar kämmt; der Nebel komme, wenn sie kocht; es regne, wenn sie wäscht, und es schneie, sobald sie ihre Betten ausschüttelt. Sie ist die Herrin der Spinnerinnen und zuständig für die Initiation junger Mädchen, wie sie im Märchen anhand von Goldmarie und Pechmarie beschrieben wird.

Freya

Sie ist die germanische Göttin der Liebe und Ehe, der Fruchtbarkeit, des Glücks und der Zauberei. Ihre Begleiterinnen sind die Katzen.

Hekate

Sie ist in der griechischen Mythologie die Göttin der Magie, der Übergänge und die Wächterin der Tore zwischen den Welten. Hekate ist eine der ältesten Erd- und Sonnengöttinnen. In archaischer Zeit wurde die dunkle und verborgene Seite der Göttin mit der Sonne verbunden, die nachts auf der anderen Seite der Erde wandert. Archäologische Funde zeigen ein freundliches Bild der Göttin, Licht und Sonne bringend, jugendlich und segnend. Die Herrscherin über Erde, Himmel und Meer, über Geburt, Leben und Tod wurde erst im Christentum dämonisiert und als dunkle, Furcht einflößende Göttin dargestellt.

Hera (röm. Juno)

Die höchste weibliche Göttin in der griechischen Mythologie ist Gemahlin und Schwester des Zeus, Tochter von Kronos und Rhea. Hera ist die weibliche Form von »Heros« (d.h.: Held). Sie ist die Beschützerin der Ehe und der Gebärenden. Ihr Symbol ist der Granatapfel, ein Zeichen der Sinnlichkeit und Fruchtbarkeit. Zusammen mit Athene und Aphrodite bildete sie eine weiblich-göttliche Trias.

Inanna

Die sumerische Göttin der sexuellen Liebe, der Fruchtbarkeit und der Kriegskunst ist eine der wichtigsten archaischen Göttinnen. Ihr Planet war die Venus, die zugleich Morgen- und Abendstern ist. Inanna gilt als Inbegriff des Allgeschlechtlichen. Als Morgenstern steht sie mit der Sonne und den ihr zugehörigen männlichen Attributen in Verbindung, als Abendstern mit dem Mond und seinen weiblichen Eigenschaften. Ihr Symbol waren die Myrte sowie der 8- oder 16-zackige Stern.

Alljährlich wurde in den sumerischen Stadtstaaten die sogenannte »heilige Hochzeit« zwischen Inanna und dem jeweiligen Stadtfürsten gefeiert. Dabei wurde die Göttin von der höchsten Priesterin vertreten. Sie vollzogen die Vereinigung der Göttin und des Fruchtbarkeitsgottes Dumuzi nach, der stellvertretend für Inanna in der Unterwelt gefangen gehalten wurde. Einmal im Jahr holte sie ihn ans Licht und vereinte sich, worauf die Regenfälle einsetzten und das Land erblühte.

Isis

In Ägypten galt sie als Göttin der Liebe, als Meergöttin oder Sonnenmutter. Mütter baten sie um Segen für ihre Kinder. Die ägyptischen Pharaonen beriefen sich darauf, Söhne und Töchter der Isis zu sein.

Isis galt als mächtige Zauberin, die alle Geheimnisse der Natur kannte und in die Zukunft blicken konnte. Sie wurde sogar als klüger denn alle Götter beschrieben und konnte sich zur

Weltherrscherin aufschwingen, nachdem sie dem Gott Re seine Magie gestohlen hatte. Unter den Ptolemäern wurde sie später im gesamten Römischen Reich populär und wurde hier als weibliches Prinzip der Natur sowie als universelle Allgöttin verehrt.

Katharina

Katholische Erbin der Wilbeth (siehe dort).

Margaretha – Maria – Maria Magdalena

Katholische Erbinnen der Ambeth (siehe dort).

Ostara

Ostara bringt die Sonne aus dem Osten. Der Name der germanischen Göttin heißt so viel wie »Zeugung der Erde«. Ihr werden die Schlüsselblumen, die dem Frühling das Tor öffnen, zugeordnet. Aber auch Eier und Hasen, jene Symbole der Fruchtbarkeit, gehören zu Ostara.
Laut Jacob Grimm mag Ostara »die Gottheit des strahlenden Morgens, des aufsteigenden Lichts gewesen sein, eine freudige, Heil bringende Erscheinung, deren Begriff für das Auferstehungsfest des christlichen Gottes verwandt werden konnte.«

Perchta

Die Jagd der Göttin Perchta, die mit ihrem Tross wilder Reiter durch den Himmel galoppiert, bringt eisigen Wind und Schnee. Diese Göttin des Übergangs vom Alten zum Neuen erscheint in den zwölf heiligen Nächten nach der Modraniht, der Nacht der Mütter und dem heutigen Weihnachtsfest. Perchta ist auch die

Göttin der Spinnerinnen. Dabei ist das Spinnrad das Symbol für das sich beständig drehende Jahresrad.

Rhea

Als Urmutter aller Göttinnen und Gottheiten wurde im alten Griechenland die Göttin Rhea (griech.: Fluss des Lebens) verehrt, die aus der Liebe zwischen Uranos und der Erdmutter Gaia entsprang. Zu Rheas Ehren feierten die Griechen ein prächtiges Frühlingsfest, mit dem der Mutterkult geboren war.

Wilbeth

(auch Bilbet, Bilmes, Bilwis, Firbet, Fürbeth, Svilbett, Vilbeth, Wileweis)

Sie stand in der keltischen Bethen-Trinität für das Licht, die Weisheit und die Hellsichtigkeit. Das Wilbeth, der Weißen, zugeordnete Rad war Sinnbild für den zyklischen Kreislauf des Lebens. Nach dem Winter bereitete sie die Erde auf Wiedergeburt und Fruchtbarkeit vor.

Register und Bildnachweis

• • •

Bildnachweis

- Drei-Jungfrauen-Stein, S. 16: Figuren der Nikolauskapelle am Langhaus des Doms zu Worms. bpk.
- Athene, S. 19: Bridgeman Art Library.
- Die Nornen, S. 35: bpk/Kinder- und Jugendbuchabteilung, Staatsbibliothek zu Berlin – Preußischer Kulturbesitz; Dietmar Katz.
- Pflanzenbilder S. 100–109: Original-Kraeuterbuch des Jacobus Theodorus, gen. Tabernaemontanus aus der Ausgabe von 1625.
- Bilder S. 32, 40, 43, 95, 104 (Kohl), 115, 124, 136: Fotolia und Istock.
- Bilder S. 11, 13, 34, 71, 76, 81, 84, 85, 93, 97, 98, 118, 121, 134, 140, 144, 157: KOHA-Verlag.

Über die Autorin

Anna Cavelius arbeitete nach dem Studium der Philosophie (M.A.) in München sowie an den Universitäten von Siena und Salamanca als PR-Verantwortliche für den Zeitschriftenverlag IDG. 1995 machte sie sich als Autorin und Redakteurin für medizinische sowie psychologische Themen selbstständig und veröffentlichte seither viele erfolgreiche Ratgeber und Sachbücher. Sie lebt mit ihrer Familie unweit von München am Ammersee.

• • •